木下川《きねがわ》地区のあゆみ・戦後編

皮革業者たちと油脂業者たち——目次

木下川《きねがわ》地区のあゆみ・戦後編

皮革業者たちと油脂業者たち

木下川沿革史研究会＝編

現代企画室

凡例

・引用資料のうち、旧漢字・旧かなづかいは基本的に常用漢字・現代かなづかいにあらためた。

・文中の聞き取りや語りのなかの（　）は引用者がわかりやすくするためにおぎなったものである。

▲木下川地区（1976 年撮影。手前が中川、向こうにみえるのが荒川放水路）

刊行にあたって

「木下川」と書いて「きねがわ」と読む。

行政上は東京都墨田区東墨田一丁目から三丁目に位置している。「木下川」というのは昔の呼称に由来する名前である。中世には「木毛河（きげがわ）」と記され、とくに現在の「木下川」のあたりは「下木毛河」と呼ばれた。それが江戸時代には「下木下川」となった。江戸が東京となり、墨田区がまだ本所区と向島区と呼ばれていたころは、吾嬬町という名前だった。行政上の名称はこうして変わってきたが、「木下川」という呼び名が忘れられたことはなかった。

明治時代、とりわけ第一次大戦の後、ここは日本有数の皮革産業地帯になった。戦後には日本を代表する豚革の生産地になった。「木下川」はそうしてできた「皮革(かわ)のまち」なのである。全国に名を馳せた「皮革のまち」としての歴史と、その歴史を生きてきたひとびとの記憶の代名詞。それが「木下川」である。

＊

本書は、一九九四年に刊行された木下川沿革史研究会編『木下川地区のあゆみ』（東京部落解放研究会『明日を拓く』二・三号）の続編として調査・執筆された。『木下川地区のあゆみ』の対象時期が近世以前からはじまり、第二次大戦前までとしていたのに対して、本書は戦中・戦後を対象としている。

『木下川地区のあゆみ』の「はじめに」によれば、木下川沿革史研究会は一九九〇年初頭からはじまっている。研究会は、木下川の住人であり、部落解放同盟墨田支部の役員でもある池田貞善氏らの発案で組織された。池田氏も含めて多くの木下川のひとびとにとって祖先の地である、滋賀県の部落で視察がおこなわれた際に、木下川の歴史を調べて残そうという気運が盛り上がり、有志が費用を負担することで、刊行の運びとなったのである。研究会は、池田氏らの他に、東京部落解放研究会の同人や木下川小学校の先生方の参加をえて、調査、聞き取り、座談会などが進められた。そして、藤沢靖介氏（現・東日本部落解放研究所事務局長）の執筆によって刊行された『木下川地区のあゆみ』は、東京の部落史にひとつの足跡を記した。創成期の記憶はかならず薄れていく。そうしたなかで、東京を代表する皮革のまちである木下川において、地域の声と歴史が書き記されたことに大きな意味があった。

この成果をうけつぐ戦後編の調査・刊行は、すでにさきの「はじめに」で予告されており、『木下川地区のあゆみ』の刊行のあと、「戦後編を」という声も高まった。そして、部落解放同盟墨田支部の書記局の方々や木下川小学校の雁部桂子先生らによって、戦後の木下川の歴史調査がはじまったのである。戦後編のための調査の課題とされたことは、第一に、先人たちの遺業を継ぎながら、戦後の部落解放運動や同和対策事業の展開のなかで、組合を組織しながら業界の発展のために苦闘してきた、皮革業者たちの戦後史である。そして第二には、『木下川地区のあゆみ』では中心的にとりあげられなかった、油脂業者たちの歴史を書き記すことであった。これは、木下川が油脂業においても代表的な地域だからである。それはまた、池田氏とともに沿革史研究会を中心的に進めた徳田岩雄氏ら油脂業者たちの、皮革とともに木下川の歴史をつくってきた油脂業への思いに促されていた。

研究会同人が本来の日々の仕事に忙殺されるなかで、中断を余儀なくされた戦後編のための調査が再開されたのは、二〇〇一年夏である。執筆も含めて、調査のまとめには、多忙のために今回は中心的に参加できなかった藤沢靖介氏のかわりに、友常勉（東日本部落解放研究所）があたった。遅れをとりもどすべく指名されたにもかかわらず、さらに大幅な遅れをきたしてしまったことに対して、お詫びしなければならない。調査に協力を惜しまず、本書の成就に期待をかけながら、帰らぬ人となった方々もいる。ご冥福をお祈りしつつ、本書の上梓を墓前に報告したい。

〈戦前編〉の『木下川地区のあゆみ』から一〇年あまりが経過した。かつてにもまして、皮革産業の衰退は加速しつつある。二〇〇三年三月の同和対策事業の終結を経て、部落をとりまく現状それ自体が大きく変化している。しかし、こうした状況にあって、むしろそうした苦境だからこそ、木下川のひとびとは「皮革のまち・木下川」を前面に押し立てて、地域を再生しようとしている。「木下川」を全国に発信しようとするそのようなエネルギーに支えられて、本書は刊行される。その思いが伝わることを祈念する。

木下川沿革史研究会（友常勉・記）

二〇〇五年三月吉日

はじめに

東京都墨田区東墨田（木下川地区）は皮革のまちである。とりわけ豚革の生産では日本一の生産量を誇ってきた。鞄・袋物問屋の中心である台東区浅草も含めて、荒川（荒川放水路）流域の荒川区、足立区、葛飾区にひろがる東京東部の皮革関連産業の一角を形成してきた。「皮革のまち木下川」は、また、皮革関連産業である油脂業も盛んである。

「なめし革の品目別算出事業所数」（東京都・一九九七年）によれば、牛革は東京／全国の対比は、東京・二四／全国・二九六であるが、豚革は三四／五五である。また、豚革・馬・山羊・めん羊革などの合計では、東京は全国の七三・二％を占めている。豚革生産において東京がどれだけ重要な地域であるかがわかるだろう。そして豚革生産の中心が東墨田の木下川地区なのである。

皮革関連産業の地域差

東京の墨田区木下川や荒川区八丁目を中心にした旧三河島地区、大阪市西南部、和歌山県和歌山市、兵庫県龍野市・姫路市などには、都市に皮革産業地帯が形成されてきた。もちろんそれぞれには地域差がある。さらに、この十数年のあいだにすすんだ日本の皮革産業の衰退も地域差に影響をあたえている。こころみに、これらの代表的な皮革産業地帯の皮革製革業と油脂業の工場数・事業所数を比較してみると、木下川地区の製革業が豚革中心であるのに対して、他の地域は牛革が中心である。比較的大きなタイコ（「太鼓」。水や薬剤とともに原皮を入れて鞣製するドラム状の機械）を必要とする牛皮鞣しにくらべて、豚皮鞣しは比較的小さい資本と土地で操業することが可能である。また、木下川には油脂業が多い。それは、牛にくらべて豚は脂が多く出るせいだともいわれている。ただし、油脂業界の成立は、牛肉と豚肉という東西の食肉習慣にもかかわっていることである。さらに、油脂の消費と流通のしくみや、油脂を原料とする、石鹸産業などの産業の形成などの要因もかかわってくる。それゆえ、皮革産業の地域差がどのように生まれ、木下川地区が今日あるようにできあがったのはなぜかという理由を知ることは、木下川地区全体のなりたちの歴史を知ることでもある。

近代の被差別部落と皮革産業

木下川地区や荒川区の旧三河島地区のような、皮革産業とそれにともなって生まれてきた油脂業など皮革関連産業地帯の形成は、近代化と都市化といった条件に規定されてきた。近代になって形成されてきた皮革産業地帯と、江戸時代から存在してきた被差別部落とのあいだには、重なりとずれがある。そもそも皮革業は部落差別や皮革鞣製にたいする伝統的な差別意識による圧迫をうけてきた。それゆえ、近代になって都市に形成されてきた皮革産業地帯の歴史はつぎのような過程をふんできた。最初に都市の周辺部や従来の被差別部落に、被差別部落出身者を中心とした皮革産業従事者があつまり、小さな皮革業地域が形成された。そして、近代化と産業・商業の都市への集中にともない、より多くの皮革業・皮革業従事者が都市に移住するようになった。部落差別によって仕事につけない地方や同郷の部落出身者が、仕事をもとめて、親戚縁者のつてをたよって、皮革業に集中するようになったのである。それはひとつの生活世界の形成である。こうして、都市に〈部落〉ができあがるのである。また、都市の皮革関連産業地帯の形成には、立地条件として、豊富な水資源の必要性、皮革鞣製にともなう臭気や汚水などの環境要因から、都市周辺の開拓地が選ばれてきたことも付け加えておかなければならない。こうした産業は、厳しい仕事と労働集約的な労働条件から、「苦汁産業」というジャンルにくることも可能である。しかし同時に、皮革は軍需や都市生活に不可欠な資源であることから、皮革産業が日本の近代化と都市化を支える近代産業として形成されてきたことも忘れてはならない。

皮革産業が近代国家の形成に不可欠であったことは洋の東西を問わない。皮革は近代軍隊の装備に不可欠であった。また、鉄鋼や天然ゴムとならんで、動力に使用されるベルトなどの原材料として、一九世紀から二〇世紀にかけての産業革命において必須の産業部門であった。そしてそこから、たとえ部落産業にたいする差別意識に常に取り囲まれてきたとはいえ、皮革産業は質の高い産業文化を形成してきた。本書もまたそうした皮革業・皮革関連産業の歴史的な意義と文化を後代に伝えようとする目的から書かれている。歴史的な調査によって明らかにされる事実は、そこに生きるひとびとのアイデンティティの根拠にもなりうるものである。

先に触れたように、木下川沿革史研究会『木下川地区のあゆみ』(東京部落解放研究会『明日を拓く』二・三号)を継承して、本書では、戦中と戦後の現代史としての木下川地区の歴史を記述する。木下川地区は、敗戦から高度経済成長を経て、日本一、そして世界有数の豚革生産地へと発展した。それにともなって、油脂業などの皮革関連産業も大きくひろがった。しかし一方で、かつて大小あわせて数百にものぼる皮革関連の工場・事業所が活躍した木下川地区は、アジア諸国の皮革産業のおいあげや、地区の環境変化によって、現在、これまでにない苦境にあえいでいる。だが、こうしたことは、あたかも時代の趨勢として受け入れられるべきものではない。その理由を考えていくことも、本書に問われている課題である。

I　木下川地区の歴史・前史

墨田区の皮革関連産業の事業所数

まず、墨田区内の皮革関連産業（皮鞣し・同製品・毛皮製造など）の事業所数の推移を『墨田区工場名鑑』（一九四九年）と東京都「工業統計調査報告」（一九七三年）、「工業統計」（一九八五年）からみてみよう。墨田区全体の皮革工場の合計と区全体の工場数に占める比率をここにしめしておこう。

ちなみにここで皮革関連産業というと、鞣し工場にかぎらない、比較的広い範囲のことを指している。まず、鞣しの工程にも、鞣し、染色、絞り、張皮、革漉き、計量などがあり、それぞれの工程ごとにひとつの事業所をなしているところがある。あるいは、ひとつの事業所で大半の工程を処理できるところもある。ある意味で、木下川地域全体が原皮から鞣し、染色を経て、一枚革に仕上げるまでのさまざまな工程を構成する、ひとつの大きな工

〔表一〕墨田区内の皮革関連産業の事業所数（1950年～1985年）

	1949(S24)	1954(S29)	1956(S31)	1960(S35)	1964(S39)	1968(S43)	1972(S47)	1985(S60)
区内	93	163	313 (2952)	430 (3893)	632 (5303)	650 (4779)	868 (5465)	686

*() 内は従業員数

場のようなものなのである。さらに、製品になるまでの裁断、縫製、加工などの仕事も含めて、「皮革関連産業」と呼ぶのである。

なお、一九四九年当時においては、墨田区内の工場数は、電気工業、ゴム工業、金属工業が上位をしめ、これに機械器具工業と皮革工業がつづいていた。これにたいして、一九八五年の調査においては、一位は機械金属七種の合計で三七・一パーセント、二位は金属製品で墨田区全体の二三・八パーセント、そして三位が革製品の九・六パーセント、四位が繊維製品の九・三パーセントという構成になっている。一九四九年とくらべて、ゴム製品の比率がさがったが、ほぼ同様の産業構成をとってきたことがわかる。

また、ここでは墨田区のみの工場数をしめしたが、木下川の皮革工場とともにうまれ、荒川放水路をはさんで隣接する葛飾区の皮革工場にもふれておく必要がある。そもそも葛飾区四つ木を中心にした葛飾区の工場は、一九二四年に完成した荒川放水路の建設にともなって、墨田区から分かれたという歴史がある。一九九六年調査において、葛飾区の鞣し革製造業は二四ある。これに、はきもの製造業や鞄製造業者が集中している台東区や足立区の皮革産業を加えて、東京東部（城東地区）の皮革産業地帯が形成されているのである。そして、こうした城東地区の皮革産業は、工場

（表二）木下川の鞣製業者の事業所数

年度	事業所数	出典
1949（昭和 27）7 月	58 社	江東地区製革事業協同組合
1955（昭和 30）7 月	58 社ぐらい	『江東製革事業協同組合二〇年の歩み』座談会より類推
1965（昭和 40）		
1975（昭和 50）	63 社	ただし組合非加盟の業者もいたと推定される
1977（昭和 52）9/28	87 社	皮革関連企業用水型協議会の陳情書より、署名捺印した鞣製業者数。これ以外に 50 社ぐらいいたと推定される
1981（昭和 56）1 月	113 社	製革業産地振興協議会会員名簿より （江東製革事業協同組合・日本ピッグスキン工業協同組合・東京都同和鞣製協同組合・昭栄製革協同組合） さらに染革業者等も含まれる
1990（平成 2）1 月	113 社	同上
1992（平成 4）3 月	110 社	墨田区調査 ＊皮革製品業合計は 180 社。また、油脂関連企業は 42 社（実稼動数は 19 企業・21 工場）
1993（平成 5）8 月	87 社	製革業産地振興協議会会員名簿より
1997（平成 10）	54 社	日本タンナーズ協会実態調査特別委員会・平成 10 年度製革業実態調査報告書より
2003（平成 15）	51 社	日本タンナーズ協会実態調査特別委員会・平成 15 年度製革業実態調査報告書より

用水や工場用地をもとめて、隣接する埼玉県草加市にもひろがった。

ところで〔表二〕の工場数の推移でもあきらかなとおり、一九四五年の敗戦後から一九六〇年代後半の急激な成長を経て、一九八〇年代初頭には百数十の工場数を有した木下川の皮革産業、とりわけ鞣し工場は、その時期をピークに衰退の道をたどっていく。この衰退は、墨田区内の大規模工場の転出や廃業といった、地域社会の変化とともに起きている。それでも、一九八五年にはまだ区内工場の九・六パーセントを占めるほどの規模を有していた。戦後日本社会の変化と無関係ではない、こうした成長から衰退の過程については、あとでみていくこととしよう。その前に、木下川地区の皮革産業地帯が都市の被差別部落として形成される前史をたどっておきたい。

木下川地区の前史

中世から江戸時代、そして戦前の木下川の歴史については、すでに、『吾嬬町誌』（一九三三年）や『墨田区史』（一九五九年）などに描かれてきた。また、被差別部落の歴史や皮革産業のはじまりについては、木下川小学校編『わたしたちの町――木下川の歴史――』（一九七六年発行、一九八五年再々版発行）や、木下川沿革史研究会『木下川地区のあゆみ』（一九九四年）に記されてきた。こうした前史を知るうえでは、また、皮革業者のあつまりであった皮革青年会が中心になってまとめた『皮革産業沿革史』（同編纂委員会、一九五九年）も基本的な文献として、忘れることができない。こうした先行研究をふまえて、一九四五年までの木下川の前史を概観しておこう。

まず、江戸時代の木下川の歴史と江戸の被差別部落については、『木下川地区のあゆみ』が詳細に明らかにしている。

中世のころ、木下川地区は「木毛河」「木毛川」と呼ばれていた。さらに、江戸時代には「葛飾野」と呼ばれ、将軍家の狩場とされていた。江戸時代の村の数や規模、人口、寺社の数などの基本的な情報を記した「新編武蔵風土記稿」によれば、木下川は行政のあつかいでは「上下」に分かれ、一九世紀初頭に、下木下川に「家数七五戸」の農村があった。小字は萬久里、大荒田、二段田、葛西川、汐入、郷中耕地の六つがあり、現在の木下川の皮革工業は、この下木下川の大荒田を中心にひろがった。ただしこの農村は、中川や中居堀に囲まれた低湿地であった。

木下川に被差別部落が存在していたことは、史料の上では、一八〇〇年（寛政一二）九月の「弾左衛門書上」に現れる。この弾左衛門とは、関八州・伊豆・駿河・甲斐・陸奥一二ヵ国のえた・非人やその他の賤民身分の頭であった浅草弾左衛門である。「書上」で弾左衛門は、「木下川非人頭久兵衛七軒」と報告している。この記録によれば、木下川には「非人頭・久兵衛」が住み、その配下は七軒であり、弾左衛門配下で、五人の江戸の非人頭のうちのひとりを構成していたことがわかる。『木下川地区のあゆみ』は、木下川久兵衛は深川の非人頭・善三郎の縄張りのうちにあったのが、独立して扱われてもいたのではないかとしている。こののち、「木下川久兵衛」が史料の上であらわれるのは、一八六八年（明治一）に弾左衛門が明治新政府に出した書上である。これには、「非人頭久兵衛欠落」「跡引請人猿江町広済寺地内小屋頭文次郎」と記されている(別の史料では「文次郎」は「紋次郎」とある)。「文次郎」は「深川善三郎」の配下であるが、彼が「欠落」した「久兵衛」の職務を引き継いだと考えられる。

弾左衛門たちの仕事には、斃牛馬の解体や皮の取得、刑吏・捕吏、勧進などの芸能活動、また、農村での水番や山番などがあった。藺草《いぐさ》を原料につくられる灯芯の販売や織物機械に用いられる「筬《おさ》」の生産・販売も、関東を中心とした被差別部落の重要な職分として付け加えられるだろう。こうしたさまざまな仕事のなかで、関東では、非人身分は、長吏《ちょうり》身分によって使役される仕事が中心であった。例えば、農村で農耕用の牛馬が死ぬとする。農民たちは所定の「捨て場」にそれを運ぶ。それを見回りの非人が、この斃牛馬取得の権利を持つ長吏身分（えた身分）に連絡するのである。また、刑吏・捕吏役の場合は、町奉行などから弾左衛門に指示がくだると、弾左衛門は非人頭に指示し、非人身分たちが実際に囚人の護送や刑場の警備などの仕事にあたった。こうした仕事とは別に、非人たちは、町なかで門付けをする勧進などの活動もおこなっていた。紙屑拾いや川浚いなどの清掃業務も非人たちの仕事であった。「木下川久兵衛」と木下川の被差別部落の仕事がどのようなものであったか、直接うかがうことのできる記録はないが、おそらくこうした仕事をまかされていたのであろう。また、先述したように、「久兵衛」は幕末には「欠落」している。江戸時代の「欠落」とは必ずしも悲惨な境遇ばかりを意味しなかった。そこには身分制度の網の目をくぐる、民衆の知恵もあった。では、「欠落」した「久兵衛」はどこにいったのか。木下川の被差別部落の歴史を知るうえで、「久兵衛」の身の上には興味が尽きない。しかし、これ以上のことは、現段階ではわからない。

近代の被差別部落と皮革産業

明治国家の成立とともに、旧幕府時代の身分制度は撤廃された。明治国家は天皇を頂点に、皇族、華族などの新しい身分もつくり出したが、被差別部落にとっては賤民制度の廃止によって、自由な社会進出の条件をつくりだすこととなった。ただし、それは、もともと狭小な土地や資本しか有していなかった被差別部落のひとびとを、経済的な保証のないままに、苛酷な自由競争のなかに投げ込むことも意味していた。そして、被差別部落のひとびとの社会進出が、激しい部落差別にさらされることもまた、意味していた。

こうした条件のもとで、東京の弾左衛門をはじめとして、大阪などの有力な被差別部落は、明治の新時代に洋式皮革業の経営に乗り出したのである。期を同じくして士族たちも経営に乗り出すようになる。のちの㈱ニッピ（日本皮革株式会社）の前身である、桜組を設立した西村勝三などもその一例である。西村は下総佐倉藩の支藩・佐野の藩士であった。

一三代目弾左衛門＝弾直樹や西村勝三、そして和歌山の皮革業者などは、お雇い外国人を用い、積極的に洋式皮革・製靴技術を移植し、近代皮革産業の礎を築いた。そして、一八七七年（明治一〇）の西南戦争、日清・日露の両大戦期（一八九四年～一九〇五年）を経て、自前で洋式革や軍靴の製造に成功し、軍需に応えることができるようになる。

ところで、近代皮革産業の移植は、まったくの白紙のうえにおこなわれたのではない。弾直樹が被差別部落の専業として皮革業の経営を構想していたように、皮革の特性を知りつくしている被差別部落の皮革技術が大前提であった。東京でも、弾直樹がかかわった製革工場や製靴工場のみならず、桜組でも、弾のもとに集まってきていた亀岡町（旧浅草新町）のひとびとや、関東や関西、特に滋賀県の被差別部落の皮革職人たちの技術と労働力が用いられた。こうした、亀岡町の系統、関東の部落の系統、滋賀県の系統、そして桜組出身の技術者の系統という人脈については、『皮革産業沿革史』が詳しい。一九五〇年代後半に編纂された同書では、当時まだ残っていた明治初頭の皮革業・製靴業の幕開けのころの記憶が伝えられている。

このように、皮革産業は、明治以降の殖産興業政策のもとで大きく成長した部門のひとつである。しかもそれは軍需産業として、大きな大戦を契機にしながら発展してきた。そのようにして形成されたのが、東京、大阪、和歌山の三大皮革産業地帯であった。明治期の日本の工業史を記した『明治工業史』はつぎのように述べている。「本邦における営業が工業的発展の色彩を示したるもの全く明治以降にして、特に戦乱によって急激に開進を見たり。本邦における皮革業の発達を地方的に分類するに、凡そ三大別することを得、すなわち東京、大阪、和歌山を主とす」[1]。

新谷町と甲田・山川原のひとびと

東京の皮革産業の形成に大きな足跡を残したのは、弾直樹、亀岡町や関東の部落のひと

1 『明治工業史』化学工業編、日本工学会、一九二五年

びとともに、滋賀県出身のひとびとである。特に、滋賀県の山川原、甲田という二つの地域との結びつきがつよい。

山川原（現・滋賀県愛知川町山川原）と甲田（現・滋賀県坂田郡米原町梅ヶ原地区）はいずれも江戸時代から知られていた皮革業のムラである。山川原は一八一六年（文化一三）の『世事見聞録』にも皮革で財をなした「分限者」がいるとして紹介されている。「是は年老いたる牛馬を、国々より連れ来るを、わずかの価にて買い取り、毒を与えて殺し、皮を剥ぎ、毛をそり、肉をあぶりて骨をとり、煮皮を製すなどするなり。ここの穢多頭才次才兵衛といえる二人あり。ともに、三四十万両の身上なりという」[2]。物見遊山で誇張された表現であるが、皮の売買を目的とした牛の「と殺」があったことをうかがわせる。また、「煮皮」＝膠の生産・売買もおこなわれていたこともわかる。ところで、のちに東京にやってくる皮革業者たちには、ここで紹介されている「才次・才兵衛」という分限者たちの子孫たちも含まれている。また、彦根藩も、山川原の皮革業を保護していたことがわかっている。山川原の用水には、現在でも「奉行石」と呼ばれる石が設置されている。これは、一七五六年（宝暦六）に裁決した水論の名残で、当時、農民たちとのあいだで水論がおきたとき、「かわた」たちが勝利し、用水の優先的な使用を認められた証拠なのである。

山川原に対して甲田地区のひとびとはどうであろうか。甲田は東海道線米原駅から車で五分ほどのところにある。甲田地区については、滋賀県内の被差別部落の調査記録である

2　岩波文庫、一九九四年

『滋賀の部落』（滋賀県部落史研究会編・滋賀県同和事業促進協議会発行、一九七四年）において、一八七二年の壬申戸籍から、当時の職業構成が紹介されている。それによれば、「農業・一八、商皮渡世・一四、工皮職・五、日雇・二〇、藁業・一〇」が報告されている。ここにみるように、皮革工・商人を中心とした部落だったことがわかる。

ところで、最初に東京にやってきた山川原出身の皮革業者は、一八七二年（明治五）頃だという証言がある。これは、『皮革産業沿革史』や筆者も参加した『荒川の部落史　まち・くらし・しごと』（一九九九年）の調査における聞き取りでも確認できることである。そして、滋賀県から東京にやってきたひとびとが居を構えたのが、浅草の新谷町であった。

新谷町は、現在の地下鉄日比谷線入谷駅から言問通り沿いに南に進んだあたり、金竜小学校からその北にかけて位置していた。ここは、江戸時代に、伊予新谷の加藤家の屋敷地であったが、やがて旗本領となり、その後、浅草田圃と呼ばれていた場所であった。新谷町という名前は、一八七二年（明治五）につけられた。浅草田圃では、明治初頭から開拓工事がおこなわれていた。さらに、隣接する千束村にはと場が建設されていた。甲田や山川原のひとびとがここに移住してきた理由としては、浅草に近く、弾直樹の近代的な皮革工場とのあいだで下請け関係を結べたこと、と場が近くに建設されたことなどが考えられる。さらに、もともと武家地であったことから、屋敷や作業場の建設や、皮鞣しに必要な用水・排水などの設備をつくるための下地ができていたことも理由だったのではないかと考えられる。

のちに、大正時代に金竜小学校を卒業した町民たちは、小学校の入口近くにたくさんあった皮屋さんのことを覚えていた。そして、「皮のほしてあるのが、廊下の窓からなんかよく見えましたよ」と述べている。[3]

弾直樹の製革工場や製靴工場で修行した職人たちや、甲田・山川原から移住してきたひとびとは、一八八〇年代（明治一〇年代半ば）から一八九〇年代にかけて独立しはじめる。一八八八年（明治二一）には市制町村制も公布され、翌年には大日本帝国憲法も発布された。近代国家の制度が確立し、都市の政治的経済的な機能の骨格ができあがる時代である。『荒川の部落史』では、この時代に独立し、東京の近代的皮革産業の代表的な存在となっていく何人かの業者の足跡が記されている。例えば、弾左衛門役所の手代を代々勤めた笠原家の出身で、陸軍省指定工場を経営するまでになる笠原文蔵がいる。また、滋賀県の出身者として、甲田出身の秋元源彌と大野房次郎が紹介されている。秋元源彌は一八五五年（安政二）生まれで、一八七九年（明治一二）に東京に出てきた。徒弟奉公を勤めたあと、一八八一年（明治一四）に独立し、桜組と下請け関係を結び、軍用革の製造を引き受けるようになる。その後、千住屠場株式会社の代表取締役を勤め、また、肥料会社、油脂会社などをおこし、取締役として、日本皮革株式会社の経営にも参加した。また、三河島の地域の名士としても活躍した。

3 『金竜小学校五十年史』一九六三年、台東区立図書館所蔵

大野房次郎は、一八六五年（慶応元）にやはり甲田で生まれ、浅草の皮問屋大野の養子となり、一八八四年（明治一七）に大野屋を継ぎ、皮革商をしながら、製革工場を経営した。さらに、区内の土地を購入するなどして経営を拡大していた。

ちなみに、『吾嬬町誌』によれば、明治二〇年代に木下川地区には三軒の鞣し業者がいたと記載されている。つぎに述べるように、木下川地区には、その後、一八九二年（明治二五）の「魚獣化製場取締規則」による強制移転によって多くの皮革業者が移転してくるようになる。木下川の皮革業者のひとり、坂口甚右衛門の回想によれば、一九一〇年（明治四三）に上京し、松永工場に入社したときには、「団、北川、橋場、飯塚、藤本、秋元、永井、山口、小川、櫛田」などの工場が二五軒あったという。[4]

そして、こうした草分けの皮革業者から工場を譲ってもらったりしながら、さらに業者たちが自立していった。木下川の皮革業者がつくった組合である江東製革事業協同組合二〇周年を記念した座談会（一九七五年）で、加藤時治郎さんはつぎのように語っている。

私は明治三一年に、ここに生まれましたが、すでに皮革業者はおりましたね。

私の父は当時ここに工場があった「大野製革」に一七年間奉公していたが、結局はこの場所が手狭になり、三河島に大きな工場を作るから、一緒に行けと言われたらしい。父が行くのをしぶっていたら、「給料もやらんぞ」と言ってきた。親父さんはそ

4　江東製革事業協同組合『二〇年の歩み』一九七五年

れなら「いらん」といってここに留まった。当時は、一〜二年間給料などもらわずに仕事をやっていたらしい。父がどうしても三河島に行かないと判ると、ここの工場を安く譲ってくれることになり、それで操業を始めた。

他にも工場もあり、当時はぬめを作っていた。[5]

5　江東製革事業協同組合『二〇年の歩み』一四頁

大野や秋元といった業者は軍用革を製造し、加藤さんのお父さんのような比較的小さな業者は民需の革をつくっていた。お父さんの仕事については、「馬ぬめをやっていた。その頃は豚など売れないと夏場は四〇日位、遊びになった。工員を遊ばせて、近くの川で魚つりをしていたものです」と回想している。[6]「ぬめ」は染色し仕上げる前の段階の、植物タンニンで鞣した革である。この頃は、クローム鞣しは失敗も多かった。加藤さんはまたこう語っている。「永井、大野、橋場等のほか、山本源ちゃんのほうにクロム工場もあった。牛クロームは昔はできなくてみな割れちゃったものだ」。また、秋元や大野製革については、「当時、盆、暮れは、大野や秋元に行くと、自分には五〇銭をくれ、父は酒をごちそうになったものだ」という。

6　同右、一五頁

工場の強制移転

人口と資本が集中する都市が必要とする皮革産業であったが、同時に、この都市化と近代化が、皮革産業の都心部から郊外への強制移転を強いることになった。これが『木下川地区のあゆみ』でも書かれていた一八九二年（明治二五）の「魚獣化製場取締規則」による強制移転である。これによって市中の皮革業者は一〇年以内に市外に移転することを強いられたのである。それ以前から秋元や笠原などの業者は木下川や三河島に工場を有していたが、この移転によって、本格的に皮革産業地帯が二つの地域に形成されることになった。しかも、これも『木下川地区のあゆみ』や『荒川の部落史』で触れられていたように、一九二五年（大正一四）に、もう一度強制移転の話がもちあがった。今度は関東大震災のあと、膨張する都市を整備するための都市計画の一部として、皮革工場を現在の江東区の埋め立て地のあたりである「砂町・葛西村・小松川町」へ移転することが計画されたのであった。このとき、木下川と三河島の皮革業者たちは、それぞれ「東京製革業組合」と「東京製革組合」を組織し、内務省や衛生局、都市計画東京地方委員会への陳情、国会議員をつうじた国会質問、そして各省庁への陳情をおこなった。陳情書では、移転計画が皮革産業の破壊と、皮革産業に対する差別をともなうものであることが、主張された。この反対運動によって、二度目の強制移転は撤回されたのである。

二度の強制移転（計画）にみるように、都市の部落問題は、都市計画に深くかかわっている。こうしたことは、さらに今日の木下川の現状にも大きくかかわっている。

さて、こうして私たちは「戦後の木下川地区のあゆみ」の前史をみてきた。では、次章から戦中から戦後への木下川地区の歴史をみていくこととしよう。

II　戦後復興——戦後の木下川の歴史のはじまり

一　戦時統制と江東皮革工業組合

一九三七年（昭和一二）に日中戦争がおきたときには、木下川の皮工場数は九一軒と報告されている。この頃から日本経済は戦時体制に編成替えされるようになり、皮革業も原皮の輸入から製品販売まで戦時体制のもとに組み込まれるようになった。一九三八年（昭和一三）には国家総動員法が制定され、一九四一年（昭和一六）には重要産業団体令が実施され、これにもとづいて、皮革産業の統制団体である皮革統制会が一九四二年（昭和一七）に設立された。皮革統制とは、戦争という国策遂行の目的のもとに、皮革の生産や配給、需給体制を計画化することである。皮革統制会は会長に元陸軍被服本廠長・鈴木熊太郎が就任するなど、陸軍の色彩が強く、しかも、それが個々の皮革業者の経営や行政施策を左右するほどの影響をもっていたのである。

戦時体制は総力戦体制である。日本皮革など大手の皮革会社は、大倉、三井、三菱などの有力商社とともに、日本軍の南方戦線の拡大に連動しながら、タイやジャワ、インドシナなど東南アジア諸国に原皮の供給源を確保していった。この時期に、海外原皮を確保する有力商社や輸入業者と、そのもとに大手の皮革会社、そして下請けの皮革業者が系列化されるという構図ができあがっている。そしてそれは戦後の皮革産業をも大きく規定する系列関係であった。なお、戦前における植民地進出という点では、油脂業界も一九四二年の統制会設立を機に、花王、資生堂、旭電化などの大手の油脂・石鹸メーカーが、台湾や、天津・大連などの旧満州国に工場を建設するなど、皮革業界の動きに連動していた。

さて、皮革統制会設立に先立って、中小の企業を統廃合する「企業整備令」も出された。この「企業整備令」にもとづいて、木下川の九一軒の皮革工場をまとめる組織として設立されたのが、「江東皮革株式会社」である。

江東皮革株式会社の歴史について、ここでも江東製革事業協同組合『二〇年の歩み』を参照しよう。これによれば、江東皮革株式会社の前史は、先にのべた、一九二五年の二度目の強制移転計画の際に組織された「東京製革業組合」にさかのぼる。この組合は一九三六年（昭和一一）まで続いていた。これが、日中戦争の勃発を期に、増大する皮革需要にあわせて皮革業者も九〇近くに増加したことから、「江東皮革工業組合」に変わったのである。設立は一九三六年五月、初代組合長は永井皮革の永井正幸であった。組合は、増大する軍の需要をまかなうために、現在の本田産業の場所に共同作業所を建設している。これによって、組合も、軍指定の八大工業社である、大手の日本皮革、明治製革、大野製革、秋元皮革、朝鮮皮革、山陽皮革、新田皮革、大阪帯革とともに、軍の需要にこたえようとしたのである。

そして、皮革統制会設立後の一九四二年（昭和一七）四月に、江東皮革株式会社が設立された。企業整備令によって、当時は九一あった組合員は、半数以上が転廃業した。そして、残った組合員が株主となって、会社を設立したのである。しかも、統制令のもとで、株式会社として、八大指定工業社との競争に生き残らねばならなかった。組合結成から戦時下の統制時代の苦労話を、やはり江東製革事業協同組合『二〇年の歩み』から引用しよう。

本田（正雄）　私は昭和四年に（組合に）入ったが、飯塚（政吉）さんのときの組合員は五一〜二であったように記憶している。江東皮革工業組合の資産評価をやるときは九一人で忘れられない数字である。株式会社をつくったときは半数の三六名ほどが残り、あとは転廃業に入るわけです。〔中略〕その間、昭和一二年に、この土地（共同作業所の土地）を買い、「建築」の問題に入った。

加藤（時治郎）　あれね。軍との折衝で設備しなければならないし、東京都の補助

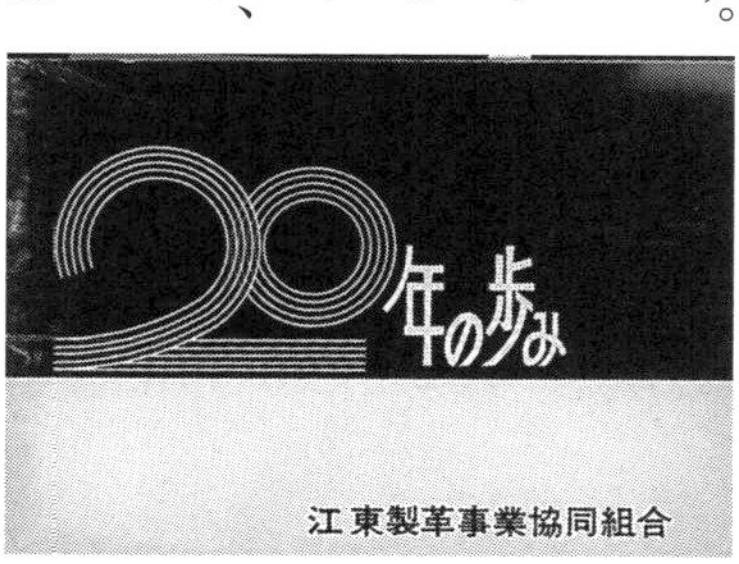

◀江東製革事業協同組合『二〇年の歩み』表紙

金をもらうことになり、それも四万一千円以上出さない。

〔中略〕

本田　江東皮革工業組合は、陸海軍の仕事に入り、民需の場合は共同購入・共同販売で、軍の方は下請けに出し「ぬめ」で引取って茶利革に仕上げして収めていた。

市田（庄一）　当時は換算率というのがあって、牛皮一枚に豚皮五〜六枚の率で割り当てした。[7]

軍需の製革では、大手の業者ばかりではなく、三河島の業者も競争相手であった。加藤さんは、軍に革を納品しようとしたら、そこに「三河島の人も来ていて、向こうの方が良いものを持ってきた」ので、納品できず、革を持ち帰ったこともあったという。[8] さらに、民需の共同購入・共同販売の場合には、原皮の比率がちがうなど、配給で不正行為もおこなわれ、組合員が一斉に逮捕されたこともあった。それぞれが生きるのに精一杯であった。そして皮革統制である。業者たちは何とか統制価格の目を盗んで取り引きして利益をあげようとした。再び業者たちの座談会である。

加藤　茶利で漉くだろう、その床革を目方で売らずに染めたのがいけなかったらしい。周りを切って、ちょっとでも染めてやりゃあ。染色加工賃が加算されるからやった。

7　江東製革事業協同組合『二〇年の歩み』一五〜一六頁

8　同右

それがインチキだと（当局に）いわれた。
市田　三河島の人も引っ張られ、この調子でいくと、東京中の警察にやっかいにならなければならんという噂まででた。私自身も四谷にも向島にも錦糸町にも入れられた。[9]

ところで、江東製革株式会社は企業整備令にもとづき、国民金融公庫からの転廃業資金にもとづいて、企業整備のうえで創立された。企業整備にあたった本田さんは、ここに株主として残ったのは三六名ほどだと述べている。それ以外は転廃業したわけである。また、株主として残っても営業を続けない業者もいた。

戦時下、江東製革株式会社では陸軍の底革を中心に、甲革（茶利）をつくり、海軍が相手になったときには、クローム甲革を作った。航空機用のパッキングは日本皮革よりも生産したという。また、飛行機に乗るための防寒具（多脂革）や手袋も製造した。

さまざまな皮革業者たち

ここで、木下川で仕事をしていたさまざまな皮革業者たちを紹介する意味で、水産皮革をあつかっていた中山さん、工場で中国人や朝鮮人が働いていた記憶があるO・Kさん（故人）のお話を引用しよう。

まず、一九一六年生まれの中山恒吉さんは、鯨皮の製造を手がけていた日本水産に入社

9　江東製革事業協同組合『二〇年の歩み』一七頁

して、木下川に関わりをもつようになった。

実家は鶴見で、私が生まれたのは深川の門前仲町です。大正五（一九一六）年九月三〇日生まれです。明治小学校に通い、それから今で言う高校に行きまして「日本水産」に入社したんですね。「日本水産」に在職中の昭和一六年に大東亜戦争に突入しました。「日本水産」は捕鯨が大きな仕事で鯨の皮を鞣すのですが、これが革屋に入るキッカケになったんです。

（鯨の皮を用いるのは）特攻隊の半長下ですね。鯨の皮っていうのは厚さが六〇センチ位あって上の黒皮を剥いで、その下が全部革になるんですよ。黒皮のすぐ下が一番良い銀面で何層にも剥くわけです。それを鞣して靴・バンド（薬盒《やくごう》）を作ったわけです。それを赤羽にあった陸軍の被服本署に納める担当をしていました。会社に軍から監督官という少佐が来ていて、私は徴兵されたものの三日で呼び戻されました。

（鯨の鞣しは）昭和二八年位までやっていましたよ。戦争が盛んになって軍が静岡に用地を買収してくれて「大洋漁業」と「極洋捕鯨」と「日本水産」と合弁で（＝「日産皮革」）三島の大場に工場を建ててそこで鞣していたのですよ。私は「日本水産」から出向という形で来ていました。現在そこは西武鉄道が買収し伊豆箱根鉄道（三島と修善寺の間の単線）の車庫になっていますが、昔のままの建物が二～三棟残っています。鯨の革っていうのは、大場と鶴見川のはし（現在の「森永製菓」の裏）にある鶴見工場と両方で鞣していたのですよ。

水産皮革は油脂製造もおこなっている。魚油は代用品として用いられた。再び中山さんのお話である。

（油脂は）三島の裏に「協和発酵」という会社があるんですけど、そこに納入して飛行機の潤滑油に生成されていました。

（木下川との関わりは）陸軍本署に納品する仕事をしていた時に、北川さんが屑革を欲しいと訪ねてきたことで革屋と接点ができました。その後、昭和三〇年にマッカーサーの命令で「日産皮革」が解体した時、私は薬品の担当をしていたものですから革の薬品会社「森本産業」（現在『コーケン科学』）に入社し、それが木下川をよく知るキッカケになったのですね。（鯨は）タンニンで鞣していました。このタンニンはブラジル連邦から来ていました。ワットルバーグという木で、一〇年経つと皮が剥げるのですがそれを炊き上げたエキスです。

また、戦後、ピッグスキン協同組合などで活躍するO・Kさんの工場では、戦前、中国人や朝鮮人の職人を雇っていた。つぎはOさんのお話である。

(私の生まれは)船橋で。大正七(一九一八)年五月一六日生まれです。父は浅草です。父方の祖父が甲田の出身で、母も母方の祖母も甲田なんですよね。父方の祖父の母も滋賀県の出なんですが、早くからこちらへ来ていたみたいです。(新谷町には)父方の祖父の母が来てたというのがあったんでしょうね。祖父の女兄弟が大森で早くに靴屋をしていたという話です。その人が祖父の母に木下川に家を一軒建ててあげたそうで。

(その頃、皮屋さんは)串田という皮屋があったとは聞いているんですがね。(小学校の頃の皮屋さんは)橋場。広藤。永井。村川。古川。飯塚。西澤。佐川。吉田原皮屋。

(工場には)職人もいましたよ。初めは日本人だけでしたがそのうち中国人が多くなりました。中国人が追い帰された後は朝鮮人が入ってくるようになってきましたね。第三吾嬬小学校から曳舟の方へ行くと「と場」がありましたが(明治四二年〜昭和一二年迄)そことの行き来はありました。血を買いに。それは革に艶を出す染料に入れるんです。一升瓶持って買いに行きましたね。

木下川の中で血だけを買いにいく人は、鞣しをやってる人はまだ少なくてね、うちらが最初の方です。

(「と場」の革は)仲買がいましたから、まず直に革屋に「と場」から入ったということは無かったですね。

さらにOさんは戦前の木下川のまちについても語ってくれた。

「と場」にいくには中居堀を通って。まだ川でした。中居堀が道になったのは昭和三〇年代だったと思いますよ。

（当時は）木下川には日産の工場があったんですよね、鉱石ラジオの。一～三丁目は工業地帯で橋本という酒屋が一軒ありましたが住宅地じゃないんですよ。大体は川の向こう側にお店がありました。お菓子屋、うちの祖父の姪っ子の肉屋、蕎麦屋、豆腐屋がありました。あと「山慶さん」の向いの角に大木湯ってのがありました。

（当時の家は）殆ど倉庫ですよね。

Oさんの話は大正期から昭和初期の木下川のようすをつたえてくれる。これにかかわって、一九二四年（大正一三）から四年間吾嬬町の町長をつとめた大沢梅次郎氏は、当時の中居堀はまだ藻が生えており、亀も泳ぐようなきれいな川だったと話している。大沢氏が町長の時代には、当時の名士であり、松山石鹸の創業者であり、さらに吾嬬奉明会という融和団体の会長もつとめた松山主計が活躍した時代でもある。大沢氏や松山氏は排水塔をつくり、排水・配水設備を整えようとしたがうまくいかなかったため、隣接する金町（現・葛飾区）に給水場をつくった。この頃から町内の排水問題の処理や、池の埋め立てなどによって、花王の工場建設を促進するなど、都市近郊の工場地帯としての町の整備もすすめられていたようである。ちなみに、ほぼ同時期の三河島地区では、大野や秋元、笠原といった皮革業者が町内の道路整備事業をてがけていたが、木下川では大沢氏や松山氏が最初にそうした役割を演じたようである（前掲『荒川の部落史』、第七章を参照）。また、町立の診療所である「恩賜財団済生会委託吾嬬町診療所」も設け、女医さん一人と看護婦さん二人が務めたという。吾嬬町の金融機関である吾嬬信用組合ができたのもこの当時である。[10]

さてOさんの話にもどろう。Oさんも、やがて戦時体制に突入すると、さまざまな代用革を扱うようになった。

（皮革業は）戦前に企業整備になって統制会社ができ、「江東皮革工業組合」が出来たわけですよ。その頃は資源がないから豚まで靴になったわけですよね。うちは内臓の係をしていた芝浦のハリヤと懇意にしてたもんですから、アゴの革だとか河豚の皮だとか入ってきましてね。他に鮫の腸や内臓も。あとうちはやりませんでしたけども、当時は鳥の足も剥いでやってたんですよ。でも鼻緒は鮫の腸じゃないと売れなかったんですよね。

10　墨田区役所編『墨東外史すみだ』九四五～九五二頁

(皮は)豚も牛もやってましたね。牛で運動靴作ってましたから。木下川で運動靴作っていたのは珍しいですよ。戦後中国から帰ってきた時は工場が焼けてたものですから、船橋で素人の魚屋もやりました。当時築地の魚河岸がまだ休んでて魚が統制だったもんですから、船橋が闇市で流行ったんですよね。

(皮屋にもどったのは) 昭和二三か二四年ですね。一番遅れて組合に入りました。まだ、主力は豚でした。しかし仕事があれば何でもやりましたよ。

江東製革工業株式会社は、一九四五年三月の東京大空襲で、事務所の一部と倉庫を残して大半が焼失してしまい、生産は事実上停止した。こうして木下川の皮革業者は敗戦を迎えたのである。

二　戦後復興から江東事業協同組合の創立

敗戦とともに、各地に疎開していたひとびとが木下川にもどってきた。そして一九四九年八月の国会で中小企業協同組合法が制定されたことから、木下川でも、「江東地区製革事業協同組合」が創立され、戦後復興がはじまった。しかし敗戦直後の高インフレ、占領下での配給統制と価格統制によって、経営は困難を極めていた。一九四九年四月には占領軍当局によるいわゆるドッジ・ラインの実施によって、通貨安定策がはかられた。やっと一九五〇年になって、一九四六年から続いていた占領政策のもとでの皮革統制も解除された。さらに一九五〇年六月の朝鮮戦争を契機に、皮革生産は好転するようになる。

占領下の皮革統制時代は、皮革の配布もクーポン制であったため、江東地区製革事業協同組合はこの配布業務を代行していた。統制の解除によって配布業務も停止したことから、組合もいったんは休止する。しかし、皮革業者間の相互親睦や情報交換の必要性などから、一九五三年六月にまず「江東会」が発足、そしてこれが発展解消して、一九五五年七月二八日に、今日の江東製革事業協同組合の創立となった。工業用革に限定されていた皮革需要も靴や袋物など一般革の生産の増大に転じ、業界は好況を迎えるようになる。

政府の『昭和三一年版通商白書』は、この間の原皮輸入状況や皮革業のようすについてつぎのように記している。

> 五五年のわが国の輸入量は五四年より三四%増加して六一・七六三トンに達した。これは戦後最高の輸入実績である。五五年は、世界的好況によつて、原皮の国際需要は増大し価格は年央から顕著に上昇した。それにともなつてわが国の輸入価格も五四年より騰貴している。五五年の輸入を品種別にみると輸入原皮の大半を占める牛皮が前年より三七%増加したほか中小牛皮、雑原皮いずれも相当の増加をみた。

五五年の皮革の生産は五四年より約二〇％増加して七六千トンに達したが、これは、旺盛な国内需要を背景とする皮革製品部門の活況によつておおむね消化され、革の市況は安定を保つた。

ぬめ革の生産に従事する製革業者は概して中小ないし零細業者で、ややもすれば需給は不均衡に陥りやすい。また原皮の輸入は次第に自由化される方向にある。このような情勢に対応してぬめ革調整組合は五六年四月一日から中小企業安定法にもとづく調整活動を開始した。[11]

11 『昭和三一年版通商白書』

ここに述べられているように、原皮輸入は一九五五年に戦後最高額を達成し、国内の皮革需要も大幅に増大している。しかし、同時に、中小企業が直面している困難も指摘されている。それは、この時期に経済の合理化と緊縮財政の実施がすすめられ、特に一九五四年の金融引き締めによって、原皮輸入から製品製造部門まで、需要の減退と価格低下が生じたために、中小企業がその影響を正面から受けたからである。そのために、中小企業安定法が制定され、これにもとづいて「ぬめ革調整組合」が結成されたのである。先にも触れたが、「ぬめ革」とは、植物タンニン鞣しがおこなわれて、仕上げをしていない革である。鞣し度は低いが柔軟性があり、袋物やベルトを中心に用いられる。これが染色工場で染色と仕上げにまわされるのである。そして、こうしたぬめ革が、木下川などの中小の皮革業者の主力製品であった。生産の合理化につながる「ぬめ革調整組合」は大手にとっては有利だが、木下川の業者にとっては、経営の圧迫を意味した。そこで、江東製革事業協同組合は、設立のときから、この「ぬめ革調整」活動に対する反対運動を展開したのである。むしろ、この「ぬめ革調整活動」に対する対抗という目的から、組合結成があったと理解したほうがいいだろう。実際、業界は「調整組合」とこれに反対する事業者とのあいだで二つに分かれたのであった。なお、江東製革事業協同組合の第一回定時総会は一九五六年五月一九日に開催され、組合員数五九名を数えている。この時に採択されたのが、「ぬめ革調整活動反対期成同盟」としての反対決議であった。「江東会」結成から「ぬめ革調整活動反対期成同盟」結成までのことについて、先の江東製革事業協同組合『二〇年の歩み』の座談会で本田利佐吉さんはこう語っている。

▶江東製革事業協同組合・ぬめ革調整活動反対集会（一九五六年）（『二〇年の歩み』より）

統制が撤廃され、価格統制も二五年にはずれ、江東地区製革事業組合が休会となり、何らかの親睦団体が欲しいということで（江東会は）発足した。その間、昭和二九年四月から三一年二月まで、ぬめ革調整組合があり、ここで調整をやろうということであったが、この地区が中心となって反対運動を起こし、三河島、草加の人も加わり大会を開き、大きな運動となった。

〔中略〕

江東地区製革事業協同組合は事業組合であり、統制も撤廃されたことなどから、業界が増えてきたことと、ぬめ皮組合が出来て、業界が二つに割れたことなどもあって、江東地区だけで組合を作ろうじゃないかということの盛り上がりで、(江東製革事業協同組合の) 組合結成に至ったのです。[12]

12 江東製革事業協同組合『二〇年の歩み』一九頁

戦後の木下川の皮革産業を支えていく組合は、こうしてできあがった。ここに、業界と木下川を守ろうとする皮革業者たちの意気込みをみることができるだろう。それは、強制移転に対して闘った戦前の歴史から続いているものである。逆にいえば、木下川の皮革業は、差別的な都市政策との闘いや、軍需と民需のあいだで市場を獲得する努力と、大手皮革会社や全国の業者との競合を経験するなかで形成されてきたのである。江東製革事業協同組合は、そうした経験をふまえて、事業組合としての性格を超えて、皮革産業にかかわる国の行政を考える組織となっていった。

三　高度経済成長と製革組合

一九五〇年代は、皮革統制が順次に撤廃され、一九五〇年七月に輸入割当制度の撤廃を契機に、完全自由化がすすむ過程であり、皮革の民需が飛躍的に高まる時期であった。こうした経済の自由化とは、自由競争の激化も意味していた。その後、一九六〇年代には原皮の輸入が自由化される。一九六二年には染着色された豚革やセーム革、工業用革など、革製品の輸入も自由化された。こうした時代に突入するにあたって、木下川の業者たちもこれまでとは異なった対応を迫られるようになる。

組合の発足年である一九五六年一〇月、一二月に開催された江東製革事業協同組合の役員会では、欧米視察から帰ってきた本田理事長らの帰国報告とともに、「豚皮ＡＡ制」についての建議が提起されている。ＡＡ制とは、「自動承認制」のことであり、外国為替銀行限りで輸入の承認が与えられるもので、承認制という名は冠せられているが、実際には全く自由な輸入制度である。一九六〇年のあいだに、原材料や製品などが一挙に輸入自由化された。そして他の原皮や皮革製品とともに、豚皮の輸入自由化も実現されたのである。ただし、先の座談会で加藤さんが馬皮鞣しをしているお父さんの話や、軍需の下請けについての話がしめしていたように、木下川の製革業は、戦前、豚皮鞣しだけがおこなわれていたわけではない。豚革・牛革は他の皮革製造とともに並行しておこなわれていたのである。では、こうした時代のなかで、豚皮鞣しを中心とした木下川の皮革産業はどのように形成されていったのだろうか。そのときに、戦後の皮革業をとりかこんでいた状況とはどのようなものだったのだろうか。

木下川の皮革業者がかかえていた課題を整理するために、ここで一九五六年（昭和三一）の第一回から一九七五年（昭和五〇）第二〇回までの通常総会、臨時総会、役員会にかけられた議案を一覧表にしてみよう（次頁〔表三〕）。

この一覧表がしめすように、豚皮ＡＡ制のような原皮輸入自由化が中心的な課題だった一九五〇年代が過ぎると、一九六〇年代には、ただちに用水問題や労働基準法などの課題への対処をせまられるようになる。また、一九五八年に豚皮鞣しの業者の組合である、東京ピッグスキン協会が江東製革事業協同組合に参加していることが注目される。豚皮ＡＡ制の導入によって、一九五〇年には豚革の生産は前年に比して倍増する。こうした情勢のなかで、豚皮鞣し業者が独自の集まりを結成したのである。これがのちにピッグスキン協同組合となり、さらにピッグスキン工業組合となる。ちなみに結成にあたって中心となったのは、大木皮革や松居製革であった。木下川には、さらに昭栄製革協同組合が、一七の組合員数でつくられた。当然ながら、こうした東京ピッグスキン協会や昭栄製革協同組合の組合員で、江東製革に加盟している業者もいたが、完全に重なっていたわけではない。また、当時、三河島には東京鞣製協同組合が、埼玉県草加市には草加皮革懇談会がつくら

〔表三〕江東製革事業協同組合 20 周年までの議案、組合員数

年度	議題	組合員数
① 1956（昭 31）	ぬめ革調整活動反対期成同盟の決議、豚毛の件、外貨割り当ての件	59 名
② 1957（昭 32）	墨田区制 10 周年行事への生産品展示会、不況対策、外貨割り当ての件	59 名
③ 1958（昭 33）	東京ピッグスキン協会入会の件、業界一本化の件、豚皮値上げ問題	45 名
④ 1959（昭 34）	豚皮 AA 制の件	45 名
⑤ 1960（昭 35）	豚皮 AA 制の件、豚原皮輸出禁止の件、皮産連加入の件	42 名
⑥ 1961（昭 36）	工業用水の件、労働基準法について	
⑦ 1962（昭 37）	役員改選	41 名
⑧ 1963（昭 38）		40 名
⑨ 1964（昭 39）		41 名
⑩ 1965（昭 40）	役員改選	39 名
⑪ 1966（昭 41）		45 名
⑫ 1967（昭 42）	理事増員、日本専売公社より工業用塩共同大口買い受け団体として許可	61 名
⑬ 1968（昭 43）		
⑭ 1969（昭 44）		65 名
⑮ 1970（昭 45）	自由化を控えて組合強化のため副理事長増員、タンニン値上りの件	70 名
⑯ 1971（昭 46）	豚皮ゆはぎ反対に関する陳情報告	64 名
⑰ 1972（昭 47）	豚原皮対策協議会、立川食肉と場のゆはぎ機械見学	65 名
⑱ 1973（昭 48）	鞣製薬品の現況と外注工賃値上がりの件、計量問題、公害の件、下水道局見学、江東工業用水道南千住浄水場見学	65 名
⑲ 1974（昭 49）		65 名
⑳ 1975（昭 50）	豚原皮および豚脂、タンニン代に関する懇談会、山緬羊の半鞣革の関税引下げの件	64 名

（『二〇年の歩み』にもとづく）

〔表四〕国内豚原皮生産枚数（1946-1990）

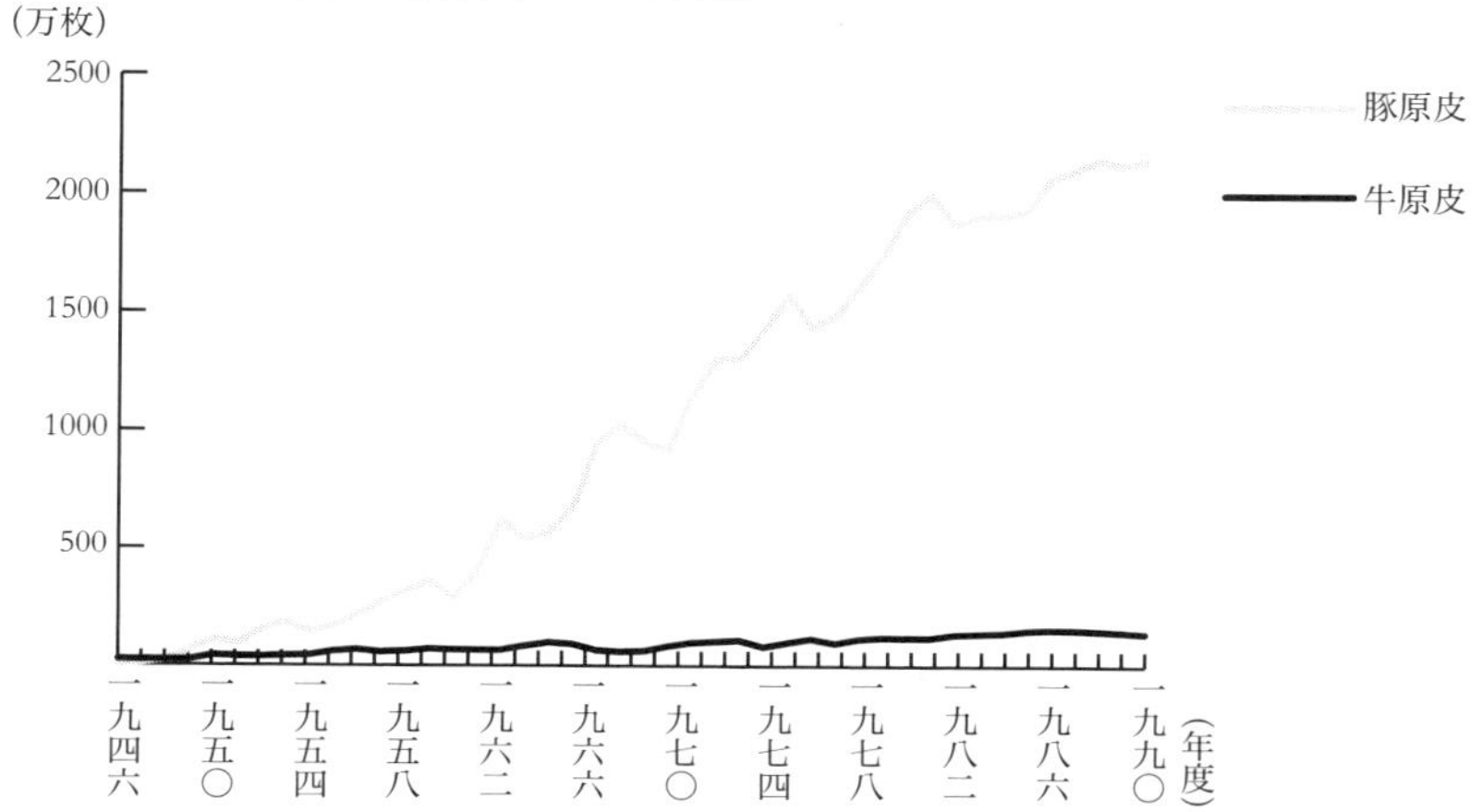

れていた。[13] こうした、事業組合あるいは懇親会としての組合にくらべると、江東製革事業協同組合の要求組合としての性格がきわだつだろう。皮革業界は個人事業主の集まりである以上、相互の競争状態を生みやすい。これに対して、内部の意志一致をはかる必要があった。さらに、一九七一年には「豚皮ゆはぎ」問題も焦点化してくるが、こうした、七〇年代以降に木下川の皮革業が直面する問題については後述したい。

さて、木下川が豚皮鞣しの中心地になるにあたっては、国内の豚皮生産の増大が背景にある。〔表四〕は豚原皮の国内生産推移を参考までに国内牛原皮と比較したものである。[14] すでに一九四八年に豚皮と牛皮はほぼ拮抗していたが、一九四九年には豚皮が牛皮を上回り、一九五〇年には三倍近い生産量になって

13 商工通信社『皮革年鑑一九五八』一九五八年

14 『ニッピ八十五年史』下、三六三～三六五頁より作成

いる。そしてその格差は現在まで続いて拡大しているのである。豚皮生産の増加は食肉としての豚肉の需要が増大したからでもある。こうした食生活との関係については、油脂業の項において詳しくみることとしよう。そして豚皮の生産増のもうひとつの背景は、消費革命の進展と、それに対応した技術革新である。

戦後の皮革業における技術上の事件は、一九五八年に、世界最大の化学工業会社であるアメリカのデュポン社が合成皮革の開発に成功したことであった。デュポンはこの新素材を磨きあげ、「コルファム」と名づけて販売、これに応じて、一九六五年には日本の国内メーカーも、クラレの「クラリーノ」、東レの「ハイテラック」、東洋ゴムの「パトラ」などが名乗りをあげた。[15] 合成皮革の商品化はこれまでの皮革製品を脅かすこととなったが、こうした新素材も一役買って、婦人靴、紳士靴、衣料品の大量消費と高級化がさらに促された。耐久消費財と衣料品の消費につづいて到来したのは、スキーや登山靴などレジャー製品の需要である。トランジスタ・ラジオやカメラ・ケース用の製革も新しい需要であった。

このような衣料品とレジャー用品の大量消費と高級化に対応して、皮革業界では、タンニンやクロムの鞣し期間の短縮や、多様な染色のための染色技術やエンボスという型付け加工の技術もすすんだ。ニッピなどの大手は、さらにゼラチンやコラーゲンの開発努力もすすめていたが、これは写真の感光材料や繊維素材のために用いられた。しかし、一般的にいって、中小の皮革業者がそうした多角化に対応できたわけではない。そうした皮革業

15 『ニッピ八十五年史』下、一九〜二〇頁

者の経営努力は、鞣し技術そのものの工夫か、油脂業への拡充などにふりむけられたのである。

そうしたなかで、皮革の大量消費と高級化に対応するために、木下川の皮革業でも重要な技術開発がおこなわれた。それが豚皮鞣しの技術改善である。その技術開発の功労者のひとりに、木下川の皮革業者である丸野和夫さん（故人）がいる。

丸野和夫さん（一九二四年生まれ）が本格的に革の鞣しの研究を始めたのは、滋賀県山川原から東京の荒川（三河島）に来た頃である。そこで豚皮鞣しの技術改良に注目し、柔らかい豚革の製造に成功している。こうした技術開発を可能にしたのは、戦後の「三種の神器」のひとつとして、電気洗濯機が普及し、家庭用洗剤が開発されていたという気運がチャンスとなったからである。丸野さんはいう。

「豚皮の柔らかい革は、私がはじめる何十年も前から、日本の皮革業界がほしがっていました。それができなかった。私が柔らかい革を量産することができるようにした。以前は柔らかい革をつくるのは、羊、牛その他ありました。ところが豚革はできなかった。豚革は皮質が堅いのです。それを柔らかくしないといけない。そうするとまた他の欠点が出てくる。そこで鞣しを考案したのです」。

人工皮革の開発や、奢侈品としての皮革の普及などを背景として、比較的廉価な皮革である豚革は大衆的な素材として大きく展開する可能性を秘めていた。そこで、さまざまな用途に耐えられる柔らかく加工された豚革を、業界が期待していたのである。そこで丸野さんが試みたのは界面活性剤の使用であった。「豚皮を柔らかい革にする試みは、三河島でやっていたわけです。でもなかなか柔らかい革はできなかった。それが突然、柔らかい革ができたのです。これはどういうわけなのか、あとから考えてみた。まず、補助薬を機能させるために、皮を界面活性剤できれいにする。それがよくないといけない。一言でいうと洗剤なのですが、そういうものができはじめてきた。皮とは関係なく、です。花王石鹸とか、洗剤ですね。いい洗剤ができないとだめだろう。それははじめにわかっていたのです。そこで何十回、何百回と試行錯誤をしていた。でも皮がおかしくなる。それをカヴァーするのが難しかった。でもある日突然できたのです。今、四〇歳の息子が生まれる前ですから、ちょうど四〇年前、昭和三六年（一九六一年）頃かな」[16]。

丸野さんの証言に従えば、花王石鹸などいい洗剤ができていることを条件として、ほぼ一九六〇年代はじめに、こうした鞣し技術は成功していたと思われる。

鞣しとは生皮を革に変える質的変化の過程である。この化学変化によって、水に触れても膨潤や腐敗もせず、耐湿性と耐熱性、タンパク質分解酵素の作用にも耐える素材ができあがる。また、成形性を具えているため、用途が幅広い。皮を革に変えるために用いる化学原料が鞣し剤である。ここで、植物鞣剤をタンニンと略称し、これに対して、無機鞣剤がクロムなどである。界面活性剤が注目されたのは、そこに、鞣し剤を皮の内層に定着さ

16　聞き手・友常勉、江木ケイ子、二〇〇一年一一月二〇日

せる効果が発見できたからである。この前段階の処理が、鞣し剤の浸透速度や、濃度に影響を与えるのである。丸野さんの場合は、豚皮製革に適した、皮の表面（銀面）の処理剤と、鞣し剤の組み合わせを開発し、それよって特許を取り、開発した豚革を一九六二年四月に「ソフトン [Softon]」として登録商標とし、売り出したのである。「ソフトン」とは、名前の通りに、「柔らかい豚革」という意味である。

　こうした技術開発によって、同じ皮を二度も三度も乾燥させていた工程を一度ですますことも可能になった。これによって品質がよくなるのである。それは設備の大きな転換も意味していた。豚皮は牛皮にくらべて大きな設備はいらない。豚皮鞣しにあわせた小さな機械や道具も生まれた。また、革漉きのために、厚みを均一にするための工夫も開発された。厚みはシェービング・マシーンによってそろえるが、シェービング・マシーンをかける前に、スプリッティング・マシーンという、漉きの機械にかける。これを「バンドナイフをかける」ともいう。ところが、豚革にバンドナイフをかけたり、シェービング・マシーンをかけたりすることは、普通にはおこなわれていなかった。豚革は厚みが不均等だったからである。しかし、厚みを均等にすることのできる豚皮鞣しの開発によって、牛革のように何枚にも漉かれる豚革が生まれたのである。

　こうして開発された豚皮鞣しの技術であったが、その技術はまたたく間に木下川のみならず、日本中にひろがった。さらには、中国や台湾などから木下川に留学にきていた研修生をとおして、中国や韓国、台湾などアジア地域にもひろがった。

豚皮鞣しの盛衰

こうして、木下川の豚革は国内だけではなく、ヨーロッパに衣料用素材として輸出されるようになる。豚皮鞣しで日本一となる木下川の形成である。牛革に比べれば落ちるといわれた豚革が、高級衣料素材として世界に認知されることになったのである。当時、木下川にいけば翌年のヨーロッパのファッションの流行色がわかるといわれた。しかし、一九七〇年代にはアジアから安い皮革がヨーロッパに輸出されるようになり、再び厳しい競争にさらされることになった。丸野さんの「ソフトン」もすぐに模倣された。丸野さんは語っている。「昭和三〇年代になると、ヨーロッパからの発注が増えてきました。その発注に合わせて染色をして輸出していた。スウェードはよく売れました。二〇年間ぐらいでしょうか。スウェードの前は羊や大きな牛の皮をていねいに漉いていました。『ソフトな豚革』というのは、今はあまり期待がもてないかもしれませんが、『ソフトン』という商標で、能書きを書いて、私は商品として売り出しそうとしました。しかしこういうのはみんなまねされました」。

ヨーロッパからの注文が減少した理由は、より安い革が韓国や台湾から出回り出したからである。木下川の工場に研修にきていたアジアの皮革業者が自分の国で仕事を拡大する

皮の板張り

計　　量（皮の面積）

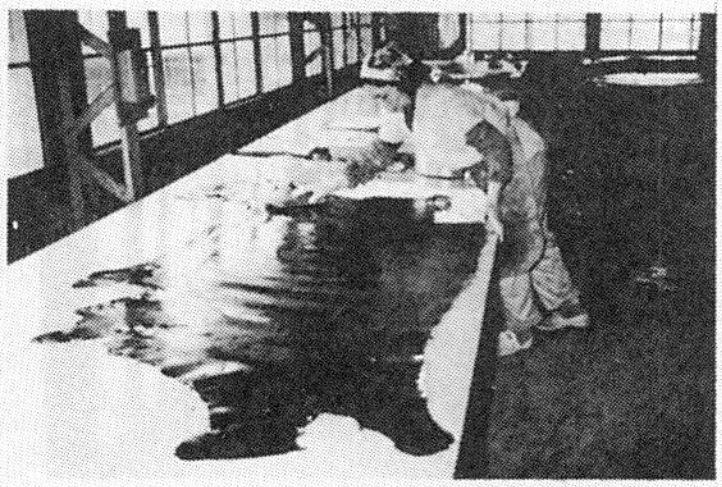

染　　色

牛や豚の毛をほしているところ（昭和24年ころ）

スプレー染色

皮のかんそう（ネット張り）

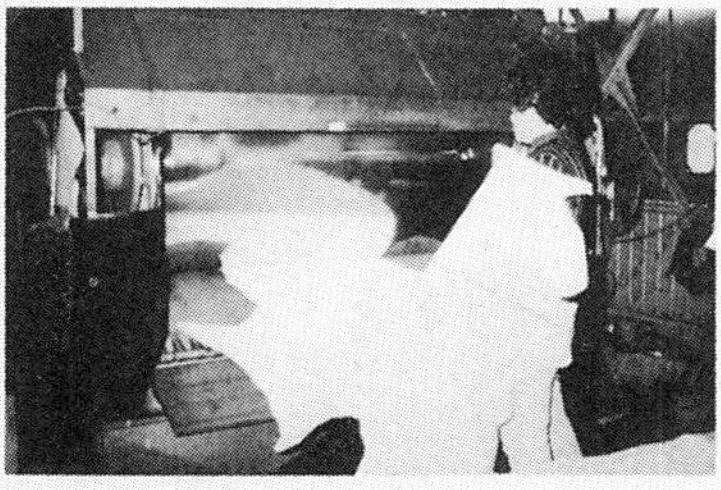

グレージングマシン（つや出し）

▲鞣し作業にはたくさんの工程がある（『わたしたちの町—木下川の歴史—』より）

ようになったのである。このとき、東京都や通産省による国産皮革の保護政策が必要であっただろう。しかし、それは実現しなかった。こうした事情からも、豚革皮革の発展とともに、業者たちの利益と団結をまもるための組合組織が必要とされたのである。

皮革組合の意味と役割

ここで木下川の皮革産業における皮革組合の意味をふりかえっておこう。戦前、二度目の強制移転計画がもちあがったときに闘ったのは、三河島の東京製革組合であり、木下川の東京製革業組合であった。木下川では、東京製革業組合をへて、戦前の皮革統制の時代にできた江東製革工業株式会社が解散したあと組織された江東製革事業協同組合によって、戦後の皮革業者の利益をまもるための闘いがはじまった。その後、一九五〇、五一（昭和二五、六）年頃に豚皮鞣し業者の組合であるピッグスキン協同組合が組織された。ついで一九五二年頃には、昭栄製革協同組合が組織された。その後、この木下川地域でも部落解放運動がはじまり、同和対策の執行を求めていくにあたって、企業連が結成され、そのもとで組織された鞣製部会が力をつけ、同和鞣製事業協同組合となった。この時点で、三河島の東京鞣製協同組合をくわえ

▶ファッション性に富んださまざまなピッグレザー製品

れば、江東製革、ピッグスキン協同組合、昭栄製革協同組合、そして同和鞣製事業協同組合の五団体が存在していた。そうした五団体並立という状況のもとで、さらに部落産業の発展を考えて、組織の一本化をめざしてつくられたのが、全日本ピッグスキンタンナーズ工業組合である。しかも工業組合であれば規制と調整をはかることができるという利点があった。また一方で、原皮の輸出をくいとめていくという皮革鞣製業界としての利害もあったのである。木下川に部落解放同盟墨田支部が結成され、企業連が組織されたとき（実際には企業連がさきに組織されたが）、もっとも若い組合員として、部落産業の発展と皮革業者の運動の統一に尽力したメンバーに、池田貞善さんがいる。池田さんも、地区内の団結をはかり、業者間の調整を推進するためには、組合の一本化が必要であったと総括する。だが、この試みは狙いどおりにはならなかった。江東製革とピッグスキン協同組合による塩の共同購入などの実践を生み出しはしたし、明治製革の工場跡地を利用した原皮の共同購入も試みられた。また、それぞれの組合員が複数の組合に参加するなどの状況も生まれた。そして、シェービングやアイロン、計量など下請けの業者の参加もあった。だが、業者間の団結にはまだまだ困難があった。しかも、こうして運動の一本化がままならないあいだに、台湾や韓国、そして中国の皮革業が台頭し、木下川の皮革業が劣勢を強いられることになったのである。台湾などアジアの新興の皮革業は、木下川がめざした、原皮から最終的な製品化までの工程がライン化された組織形態を実現していた。それによってたとえ原皮が高価でも、製造工程で低コスト化を可能にすることができるからである。

なお、池田さんたちの部落産業発展のための努力は、こうした組合の団結を強化することにとどまっていたわけではない。原皮獲得においても大きな功績があったことも、つけくわえなければならないだろう。池田さんは同和鞣製協同組合をつくるまえには部落解放同盟墨田支部創設にも若手としてかかわり、その役員もやってきたが、部落解放同盟埼玉県連の野本武一さんの協力を仰ぎながら、埼玉県大宮市のと場から、原皮を獲得しようとした。大宮のと場にはすでに有力な原皮屋がいたが、交渉のすえに、取得の権利を、埼玉の原皮屋さんが月・火・水・木、これにたいして金・土が木下川というように獲得することができたのである。さらに、実現はしなかったが大阪や芝浦と場とのあいだで直接の取引ができるような努力もこころみられた。

ところで、木下川の部落解放運動のはじまりにおいては、滋賀県の部落とのむすびつきがあったことも重要であった。滋賀県の山川原の部落では、東京の木下川だけでなく、大阪の都市部落に出ていったひとびともいた。そこで、たとえば大阪の浪速区の杉本さんは、山川原出身で、木下川の武田さんの親の従兄弟だった（武田さんは部落解放同盟墨田支部の初代支部長となる）。一九三八年（昭和一三）生まれの池田さんは木下川の長屋で生まれたが、母方は山川原の出身だった。そうしたつながりから、皮革の商売をしていくうえで、税金対策などに不慣れな業者が置かれている不利な状態を改善してくれると、大阪の杉本さんが教えてくれたのである（『木下川地区のあゆみ』参照）。そして、こうしたつてをたどって、部落解放同盟大阪府連のオルグである泉海さんや西岡さんが東京に来て、木下川の業者たちに運動の必要性を説いたのであった。もちろん、これに加えて、部落解放同盟埼玉県連合会の野本武一さんなどのオルグがあったことも忘れられない。

事業協同組合の一本化という目的こそ達成できなかったが、木下川の皮革産業の発展は、こうした組合活動と、それをとおした部落解放運動によってささえられてきたのである。このことを銘記しておきたい。

四　高度経済成長以降の木下川の皮革業

これまでみてきたように、豚革の製造は楽な道を歩んできたわけではなかった。しかし、牛革の場合には、アメリカや南米の皮革産業が保護主義的な政策をうちだし、自国の原皮輸出を規制しはじめると、日本などの皮革業は大打撃を受け、暴騰・暴落の憂き目を見ることになる。一九六六年と七二年にアメリカが原皮輸出規制の政策を出したことなどから、それ以後は、各国がおなじような保護主義的な政策をとるようになった。合成革の進出もまた牛革製造業に大きな打撃をもたらした。一九六六〜六七年には、日本国内の鞣し業者は工場閉鎖を余儀なくされ、一〇年前の四割にまで生産量はおちこんでいる。[17]

17　『ニッピ八十五年史』下、七四〜七六頁

　これに対して、原料皮を国内で調達できる豚革製造業は、製品の質的な問題さえ克服すれば、比較的順調に業績を伸ばすことができたのである。豚皮鞣し技術の開発につづいて、一九七二〜七三年頃には、「石灰づけ」によって毛を溶かす技術の向上や、皮を乾燥させるためのネット張りも機械化されるなどの進歩もあった。もちろん追い風ばかりだったわけではない。先に江東製革事業協同組合の二〇年間の議案でみたように、一九七〇年代には用水問題や「湯むき」問題といった、木下川の皮革業にとっての懸案事項がとりざたされている。

　「湯むき」問題とは、食肉加工をするときに、肉から生皮をはがす際に、「湯はぎ」「湯むき」という方法を取ることである。この方法であれば、食肉を、部位別に安全に取ることができる。しかし、これでは、木下川のような豚革鞣製業者にとって、本来「原料」ともいうべき豚原皮が「フケ皮」という廃棄物になってしまうのである。そこで組合は、と場が「湯むき法」を採用することに反対し、皮はぎ機械を開発し、導入することを求め、当時通産大臣だった田中角栄などに陳情を重ねたのである。これについては、原皮を一次産品として輸出できるメリットがあることから、「湯はぎ」から「皮むき」へと回帰しているのが現在の趨勢である。

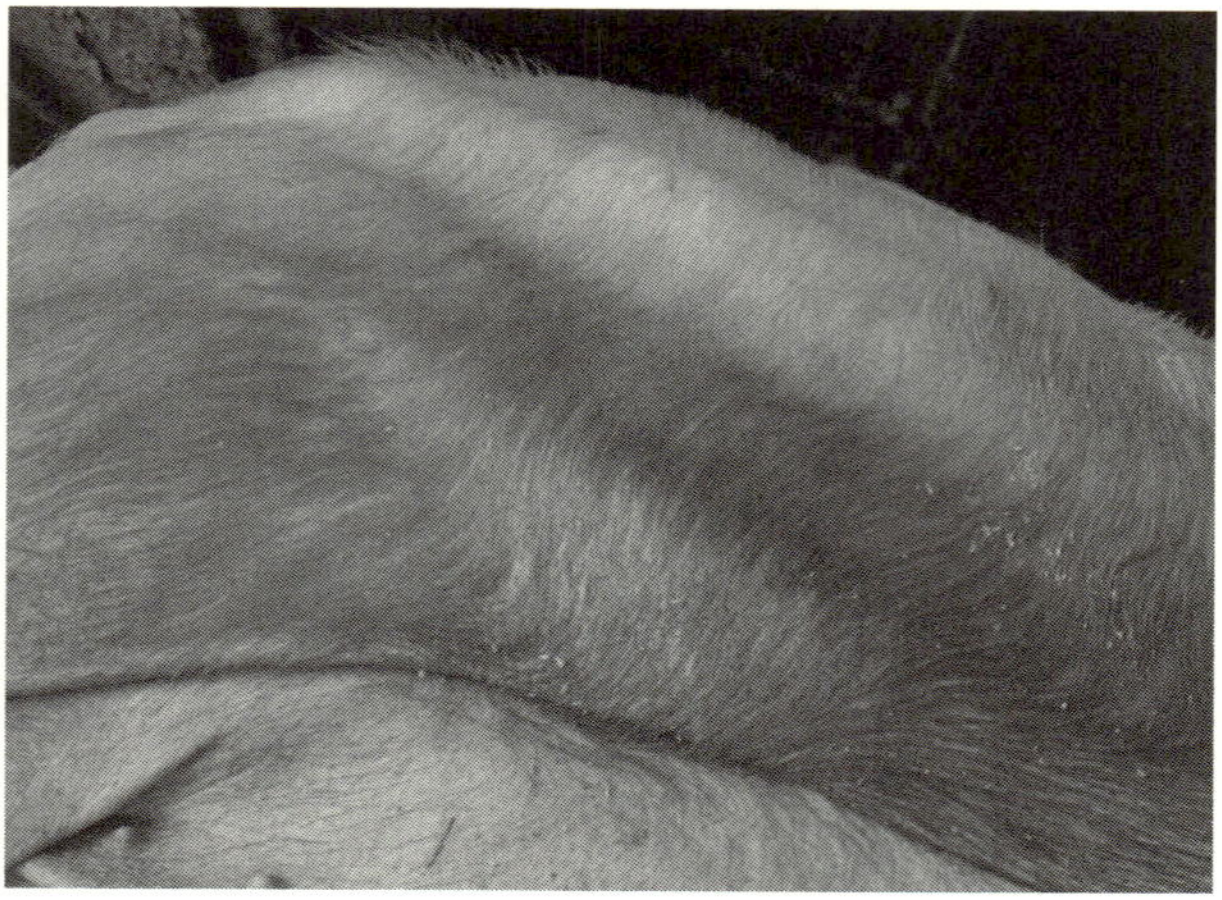

▶「と場」から運ばれてきたばかりの豚原皮——この町で美しい革に生まれ変わる

用水問題は、用水型産業としての皮革業にとっては長年の懸案事項である。皮革業にたいしては、一九六〇年代から地下水くみ上げと排水による河川汚濁が問題視されてきた。一九七〇年には東京都の条例によって地下水くみあげが規制された。東京の皮革工場でも地盤沈下のおそれが生じたことから、地下水のくみ上げが禁止され、かわりに工業用水道の使用が命じられた（しかし、工業用水は皮革の品質の劣化をまねくおそれがあった）。さらに、隅田川汚濁防止を目的として、工場排水の直接放流をやめ、下水道へ排出するように要請された。これによって受排水ともにこの方法へと切り替えられたが、下水道の未処理の地域での排水は、悪臭の源として、クレームを招くことになってしまったのである。おりしも一九六七年（昭和四二）の公害対策基本法の成立によって、公害への企業責任を問う声が高まっていた。そのため業者は、これ以降、自前で排水処理施設や「排煙脱硫装置」の設置を努力することが求められるようになった。しかし、こうした施設の設置は個々の業者にとっては大きな負担であるため、同和行政の責任の範囲で、環境改善事業としてその充実がもとめられたのである。

木下川地区の環境改善事業

ここで東京の同和事業の歴史と木下川における環境改善事業について触れておこう。東京においても、一九六五年の同和対策審議会答申と、一九六九年の同和対策特別措置法の制定をふまえ、そして部落解放運動の要求をうけて、戦後の同和行政が開始された。ただし東京都の同和行政は、関東大震災や戦災による地域の変貌、流入者の増加による高い混住率などを理由に、同和対策特別措置法がいう「同和」地区の指定が困難であると主張し、そのかわりに、「都の実態に即した」方針にもとづくとして、事業がすすめられてきた。いわゆる「東京都環境改善計画及び産業労働計画の策定方針」などに依拠した同和事業は、東墨田（木下川）、荒川、練馬の三地区における公園、道路、都営住宅建設などの環境改善事業、さらに皮革産業振興、皮革技術センターの設置、そして油脂関連工業の集約化、部落出身者への属人的な事業などからなっていた。しかし、同和事業にかかわる法律は、数度の延長と縮小のすえに、二〇〇三年三月の「地対財特法」（地域改善対策特定事業に係る国の財政上の特別措置に関する法律）の終結をもってうちきられた。これにともない、多くの問題が残されていたにもかかわらず、東京都も一九九六年に環境改善事業は基本的に終了としたのである。三〇数年におよぶ同和行政の歴史は、同和事業の終結のあと、二〇〇〇年に制定された「人権啓発・教育推進法」にもとづいて、人権啓発事業へと継承されたかにみえる。しかし、そこで啓発・推進事業において中心的に語られなければならない部落産業や被差別部落が、未来への展望をもてない状況のままに放置されているのが、現状なのである。

皮革産業の現在

一九七〇年代後半にもなると、豚革は、台湾などアジア地域での生産の拡大によって、豚原皮の輸出が増大し、国内での原皮入手が困難になっていく。こうした皮革産業がかかえる問題は一九八〇年代に入ってさらに深刻さを増すようになった。ここで目を牛革生産もふくめた皮革産業全体に転じてみよう。

日本の皮革生産が最高の生産に達したのは一九七六年（昭和五一）であるが、これは北アメリカの原皮相場が史上最大の暴落を経験し、そのあとで革衣料のブームが到来したことによる（ただし一九七九年にも史上最悪の相場暴落もあり、世界の製革業は大きな痛手を受けている）。しかし、そうした経過はあっても、二〇〇〇年段階の生産量は一九六〇年代から六五年にかけての水準にもどってしまった。木下川もふくめた日本の皮革産業の企業の八五％は従業員一〇人未満であり、過剰設備・過当競争・海外製品の流入・需要不振にあえいでいるのである。一方、世界の皮革産業の中心は、この一〇年間、中国であるといっても過言ではない情勢が続いている。一九九七年の統計で中国の皮革関連産業は一四〇〇〇社。従業員は一九〇万人。そのうち、製革業二一〇〇社、製靴業は六二〇〇社、革衣料

◀厚みを均一にするためのシェービングマシーン（一九八七年撮影）

業一五〇〇社。軽工業部門で国内首位の輸出額を誇っている。「世界の皮革産業の中心をみるにははきもの産業をみればいい」といわれるが、世界のはきもの生産量のうち、実に四七・五%を中国が占めているのである。その内訳をみると、一九八〇年代に飛躍が著しかった台湾、韓国、ブラジルのはきもの産業は九〇年代には激しく凋落してしまった。[18] 低コストと国営化事業によって成長を続けてきた中国製皮革製品は、しかし、いまだ品質においてヨーロッパの革製品には及ばないといわれている。また、国営化から民営化にともない、転業資金が不足して廃業する工場も多い。多くの製革企業は、外国資本も利用し、有名ブランドの使用権を取得している。このように、中国の皮革産業にも転機が訪れ、民営企業はこの転機を活かした飛躍を狙っている。[19]

さて、「先進工業国から開発途上国へ」という移行をとげつつある世界の皮革産業のこうした趨勢のなかで、木下川の皮革産業も深刻な不況に呻吟してきた。一九八三年（昭和五八）に㈳日本タンナーズ協会は「東京地区の皮革産業不況対策計画（案）」を東京都に提出している。この時期には韓国や台湾の皮革商品が脅威であったが、不況の要因としての需要不振、合成皮革の台頭、原皮の乱高下による製品価格の不安定、労働力不足と、「三K」産業のゆえに外国人労働者に頼らざるをえない雇用状況と後継者不足、公害規制の強化などの項目は今日にも共通している。こうした不況をのりきるために、協会は事業の高度化・集団化と事業転換（転業）が必要であるとし、そのための資金を貸付けるための中

18　出口公長「日本および世界の皮革産業の状況」『皮革科学』四六巻一号、二〇〇〇年

19　角田由美子「中国皮革産業の現況：第四回アジア国際皮革科学技術会議の報告」昭和女子大学環境文化紀要『學苑』七一一号、一九九九年

小企業対策の臨時措置法の必要性を訴えている。この「計画（案）」には、今日でも議論されている荒川流域の土地整備計画や、霊園化の案などにも触れられている。しかし、あくまで目的は皮革産業の振興であり、そのための集団化・高度化であった。長い目でみたとき、石油など資源枯渇が心配される素材からなる合成皮革にたいする、天然素材としての皮革の優位性は揺らがない。しかも、食肉産業の副産物としてつねに生産されるものである。基本的に国内の多大な食肉消費にもとづく豚革生産が重要であるのは、こうした意味からも理解される。皮革産業の再生のためには、さらに、西ヨーロッパの工業製品がめざしているような、個性的で高品質な皮革製品の生産であり、そのために、消費者動向に密着し、ファッション産業などの先端的な文化的な産業の動きに敏感な企業集団の育成が必要である。

また、今日では化学薬品を用いないエコロジカルな鞣しもすすめられ、植物性のタンニン材を用いた鞣し方法の開発が奨励され、発展している。実際、一九八〇年代後半に当時の西ドイツで「バイオレザー」なるものが市場に出され流行した。これは原皮を植物タンニンで鞣し、自然な肌理《きめ》をいかすために塗装を極力抑えた皮革製品であった。これを参考に、大手皮革メーカーであるメルクス（旧明治製革）では「クロムフリー皮革の開発」と商品化を目標にしてきた。そしてその成果として、一九九五年に家具用皮革・車両用皮革として「エコソフト」を発売し、また、九八年には靴、バッグ用皮革として「エコタン」

「エコニティー」を発売した。低クロム化にもとりくんでいる。

さらに、東京都の同和事業の一環で設置された都立皮革技術センター(墨田区東墨田三―三―一四)では、以前から製造工程をより自然と調和できるものにするための技術開発をすすめてきている。豚革の製造作業のなかで一番排水量が多いのは準備過程の脱毛と脱灰過程である。そこで皮革技術センターでは毛を溶解する脱毛法にかわって、毛を固形物として回収する方法、炭酸ガスを用いて脱灰する方法などを検討している。[20]

実際、すでにヨーロッパでは製造工程、配送、消費・廃棄まで環境に優しいことを基準にした「エコラベル」基準の適応が奨励されている。各国の皮革協会でも全皮革工場の排水処理施設の義務化(ドイツ)、非クロム化の推進(ドイツ、オーストリア)がすすめられている。

安価な中国やアジアの皮革製品に激しく圧迫されている日本の皮革産業である。だが、そうした逆境において求められているのが、こうしたエコロジーへの対応と、デザインにもすぐれた高品質の皮革製品であるという点で業界では一致している。そしてこのことは、日本だけでなく、皮革産業の先進地域である欧米においても共通している課題なのである。

木下川の皮革産業がどのように再生するのか、あるいはこの深刻な状態をどのように生き延びることができるのか予測することはできない。海外資本との提携も含めて、その再生の道はいまも模索の途上にある。しかし、木下川が抱えている課題は世界の皮革産業が

20 砂原正明「豚革製造における準備作業の低公害化」『皮革科学』四六巻四号、二〇〇一年

かかえている問題でもある。そして、皮革産業の歴史が物語る、人と人、人とモノとの複雑で実りの多いつながりのなかには、工業化社会を超えていく豊かな社会への希望がある。この希望を信じていきたい。

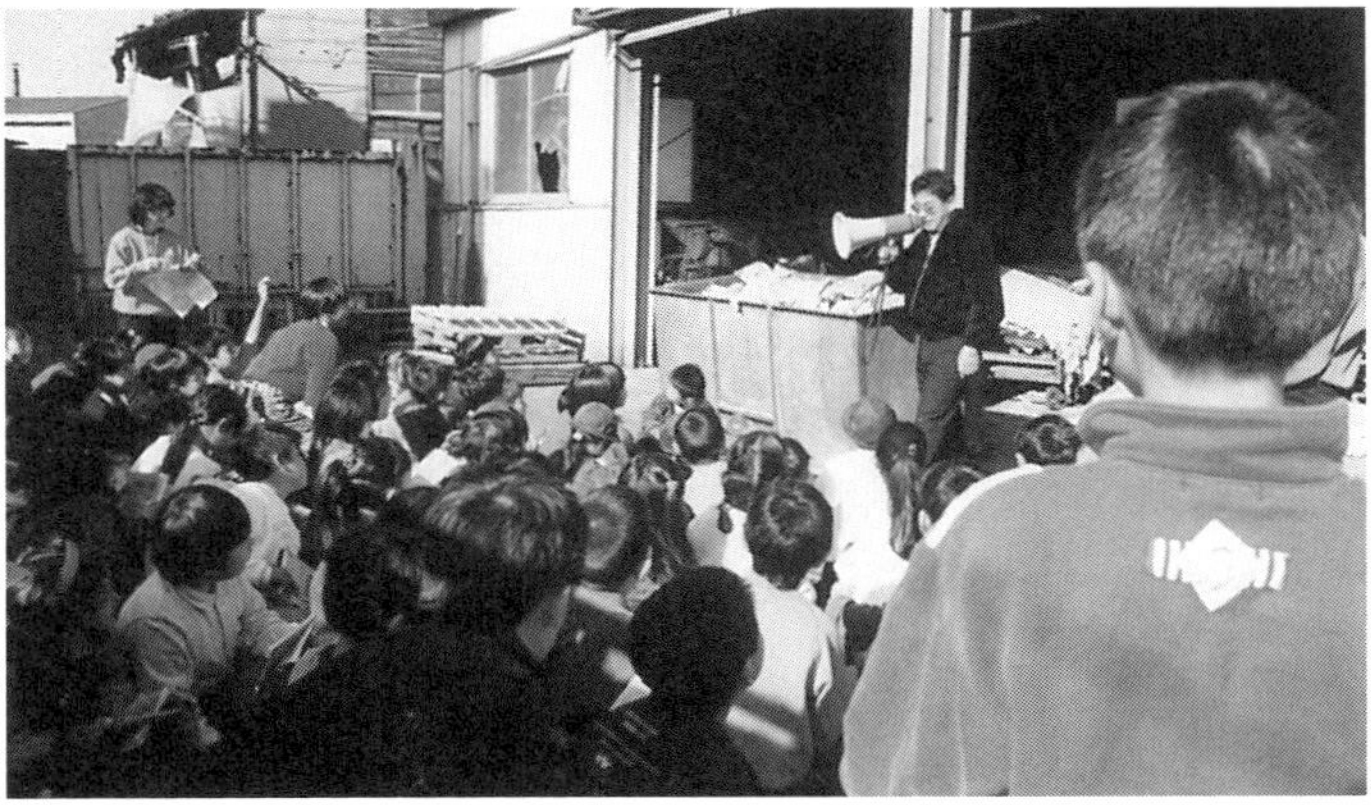

◀近隣の小学校社会科見学で皮革工場を訪れる（一九九〇年）

Ⅲ　木下川の油脂業

一　戦後油脂産業のなりたち

「はじめに」で紹介したように、木下川には、東京の荒川区（旧三河島地区）、大阪市西南部、和歌山県和歌山市、兵庫県龍野市・姫路市などと比較して、多数の油脂業者が存在している。そもそも油脂業とは何だろうか。簡単にいえば、「と場」で解体された動物の原皮以外の骨、ラード、原皮に付着している脂肪などの部分、いわゆる副産物を再加工して、さまざまな製品にしていく、リサイクル産業である。そしてこれに廃油回収業も入っている。

油脂業は、とくに戦後、高度経済成長と軌を一にして、一九八〇年代まで生産量は増加し続けてきた。しかし、後述するように、動物性油脂にたいする植物性油脂の比率の増加にともなって、一九八〇年代以降の生産量は伸び悩み、ピーク時の六割弱にまで低下している。とはいえ、一九九五年の調査でも、木下川を中心とした動物性油脂業は、事業者数、従業者数、原材料使用額などにおいて、全国の二割を占め、重要な位置を占めていることに変わりはない。[21]

動物性油脂の生産のはじまりは定かではない。明治初頭からお雇い外国人の技師によって石鹸製造は試みられてきたし、墨田区にかかわりも深い榎本武揚が石鹸の製造法を訳出し、その兄である榎本武与が石鹸製造工場を創業してもいる。しかし、本格的な油脂生産は、肉食が大衆化してきた明治後期から大正時代にかけて、コロッケ、カツレツなどの揚げ物用として牛豚脂の需要が発生したことからはじまるとされている。大正時代は戦前における大量消費社会が爆発的に花開いたときであった。ところで当初の技術は、平釜で生脂を加熱し、油分を融出させ水分を完全に蒸発させてから搾油するというものであった。[22] なお、家族労働主体でおこなわれるこの方法は基本的に戦後まで変わらなかった。ここでは、木下川の油脂業のなりたちを知るために、まずこのような家族労働主体ではじまった油脂産業のなりたちと、戦前の木下川の油脂業について俯瞰しておきたい。

木下川の油脂業の嚆矢については、これまでも触れてきた、松山石鹸の創業者である松山主計の証言がある。

松山主計（一八八七年（明治二〇）生まれ）は一九〇八年（明治四一）に会社を創業し、その後、動植物油脂の精製・加工と、石炭・タンニン材料・工業用薬品などの販売を手がけた。

21　東京都労働経済局、平成七年度「動物性油脂製造業経営安定対策事業に関する調査報告書」一四頁

22　同右、一頁

松山主計は戦前には吾嬬町の町会議員をつとめた名士でもあったが、また、一九三二年に創立された、戦前の融和事業団体である吾嬬奉明会で初代会長をつとめた。さて、つぎに引用するのは、『墨東外史すみだ』に収録された、一九五七年（昭和三二）におこなわれた座談会における松山主計（当時七〇歳）の発言である。

石鹸だけは日本の四大メーカーが向島地区に発生していますね。花王、ライオン、資生堂、三好と…、どうして向島地区にあったかというと、これには理由があるのです。東七丁目に油と革の製造があったので、これをもって作りはじめたのが最初です。この地区で原料がとれていたので、大規模になるにつれて外部から原料をもってくるようになったのです。

〔中略〕

（松山主計の石丸工場では）油をやっていた、つまり骨で骨粉をつくり、また油をとったが、私などの時には更にニカワをとることをはじめた。[23]

松山主計の証言では、この地域の油脂が石鹸製造のきっかけになったようにいわれている。一方、四大石鹸メーカーが墨田区に集中した理由は、水利による原料と製品運搬が容易であり、しかも地価が安かったせいであるともいわれている。ちなみに「花王、ライオ

23 東京都墨田区役所編『墨東外史すみだ』一九六七年、九四四～九四五頁

ン、資生堂、三好（ミヨシ。ミヨシは家庭用粉石鹸を、玉の肌は化粧石鹸を製造）」といわれる四大メーカーのひとつ、花王の前身である長瀬商会の吾嬬町工場が建設されたのは一九二二年（大正一一）であった。墨田区内には、こうした四大メーカーに加えて、肝油ドロップの商品化や洗練された広告で知られたミツワ石鹸が操業していた。

さて、家族労働中心で営まれていた油脂製造とともに油脂業をになったのが、「捨油」「廃油」回収業であった。これは使用された食用の油を回収する仕事である。木下川に一九三三～三四年（昭和八～九）頃に、やはり滋賀県から今戸を経てやってきた今村伝治さんは、廃油回収業を営みながら、生脂の製造も手がけていた。のちに農協（ＪＡ）認定の良質の肥料用の油脂を製造するようになり、「傳」の屋号でも知られることになる今村さんも、最初は製造した油脂をホリ石鹸や芳誠社などの石鹸メーカーに卸していた。また、このころは、朝鮮から皮革工場に大勢の労働者がやってきたとのことである。そう語るのは、当時、廃油回収の仕事にたずさわっていた国本さん。国本さんのお兄さんは有田油脂工場に勤めていたが、そこから独立したのだという。こうして、一九三〇年代後半には油脂業者たちのひろがりができていたといえるだろう。

木下川の油脂業者たち

ところで、木下川の油脂業者は、実際にはどのように創業したのだろうか。はじめから油脂業を手がけたのだろうか。皮革業とはどのような関係にあるのだろうか。そうした問題意識から、木下川沿革史研究会では、木下川における油脂産業のはじまりと発展を調査の目的とし、油脂業者のアンケートを実施した。このアンケートから七名の業者をえらび、出身や創業時、業者間の関係をここに紹介しよう（次頁〔表五〕）。

このアンケートをみると、松山主計とほぼ重なるA社をのぞいて、戦後の創業が多いことがわかる。また、いずれも皮革産業に従事していたか、それにかかわる仕事をしていた関係で、油脂業に参画している。小さな資本（平釜）で操業することが可能だった油脂業の利便さがよくわかる。また、一般に大手メーカーとこうした中小の業者との関係はわかりにくいが、原料納入などの恒常的な関係ができている。これは、大手の石鹸・油脂メーカーが営業をつづける条件として、こうした地域の油脂業者の存在が不可欠であることを意味している。さらに興味深いのは、油脂原料である「せん屑（くず）」や生脂は、仲買人をつうじて、あるいは直接買い付けているということである。そうした原材料の購入にあたってはかならず第三者としての問屋が必要というわけではないのである。ここにも地域性を条件として、対面的な関係があることが、油脂業の効率と生産性を生んでいると言えるだろう。しかしまた大手との商売となると商社による買い付けを仲介するため、流通過程は商社や大手メーカーが支配するという構図は皮革業とかわらない。それでも原料調達の仕組みが比較的直接的であるため、皮革よりは価格は安定しているということがいえ

油脂業者名	創業年	創業までの仕事	原料の仕入れ先	製品の販売先
E 社	1951 年（昭和 26）	復員後、乾物屋と食肉販売に従事。その際油脂業について聞き、創業に踏み切る。	原料は屠場・食肉店から。	創業時は石鹸材料は太田油脂・渥美油脂へ、そのあと食用油脂はミヨシ油脂へ、粕は蒸製骨粉・肉骨粉に。現在の販売先は、食用豚牛脂がミヨシ油脂、旭電化、日本油脂など。骨油などは全農、伊藤忠へ。
F 社	1955 年（昭和 30）	神奈川県の伊勢原出身。フェルトの原料となる洗製毛から、戦後は皮革・ニカワ。1952 年に先代が亡くなる。副産物が少なくなり、1959 年に油屋に。	近辺の皮屋から生脂、せん屑を。生脂は肉屋から仲買している。	商社、旭電化へ食用油脂、洗濯石鹸の原料を。
G 社	1968 年（昭和 43）	石巻で共同工場に入社（鐘紡が投資）。1955 年（昭和 30）からお花茶屋で魚油硬化油を扱っていた。	原料は木下川から。	ミヨシ、旭電化など。食用油脂、化粧石鹸の原料として。

（アンケートは 2000 年～ 2001 年にかけて実施。現在は廃業している事業所もある）

〔表五〕

油脂業者名	創業年	創業までの仕事	原料の仕入れ先	製品の販売先
A社	1923年（大正12）	滋賀県の親戚を経て、肥料問屋へ。	豚はほとんど扱わない。ヘットは天ぷら油に、骨は石鹸用に。主に肥料生産。骨・せん屑・使用油は肉屋さんから。買い子が集める。	林兼商店が戦前に鯨油もあつかっていた。戦後、花王、ミツワ、資生堂と2、3年間の取引があった。
B社	1946年（昭和21）	終戦後、墨田区八広で自転車のチェーンケースの製造。ニベ革の収集と原皮の商売をはじめる。1948年に東墨田で鞣製工場を、1960年に皮革製造を中止し、現在のレンダリング業に。	生脂はと場、食肉店から。捨て油は地方集荷。	木下川では今村油脂・増田油脂・大成油脂・日光油脂、三河島では三ノ輪・秋元・徳岡・極東産業などへ。現在は商社を介して各メーカーへ。肥料は完全配合肥料を全国で販売、豚原皮も木下川で販売、その他は輸出。
C社	1948年（昭和23）	大島で1928年から1935年まで生脂を搾っていた。復員後、木下川ではじめた。	はじめは石鹸から。商社を通じて飼料・工業用・食用油脂を販売。原料は油缶で買い、各地から、あるいは商社からも買っている。	石鹸は、1950年・51年ごろは洗濯用石鹸を、1962年・63年には粉石鹸を豚・牛の脂から製造していた。牛は固形石鹸に、豚は粉石鹸に用いた。
D社	1949年（昭和24）	戦前は墨田区内で食堂。空襲で家屋が焼失、食堂が大変になり転業。廃油が高かったので自転車での捨て油回収業に転じた。	生脂と廃油回収	現在は主に飼料と工業用の脂肪酸。また廃油をリサイクルして自動車の燃料にするなど試みている。

るだろう。

さて、戦前・戦後におけるこうした油脂業者の話をふまえて、動物性油脂業界の形成のなかでの木下川における油脂業の成立過程を描いてみよう。

まず、明治後期から大正期にかけて家族労働で成立した油脂業は、およそ日中戦争の勃発のころの一九三〇年代に、九一件の皮革工場が記録されている戦前の盛時に、やはり大きく拡大しはじめたものと推定される。

そのあと、戦後、油脂業の拡大をもたらしたのは戦後の動物性油脂（ラード）生産と石鹸生産メーカーの乱立である。敗戦直後は上野のアメ横などで、水石鹸といわれる、ヤシ油や硬化油を薄めてつくられたものが売られていた。ただしこうした粗悪品は固形石鹸メーカーの製品に駆逐されるようになる。一方で動物性油脂の製造については、中小メーカーが乱立状態で生産していた。一九五〇年代になり、朝鮮戦争にともなう特需景気が生まれたが、このとき同時にアメリカからの余剰生産物の輸入があり、動物油脂の輸入は油脂製造業に決定的な影響をあたえる。それまでは中小のメーカーによる動物性油脂の製造は、牛脂の代用品として硬化油を用い、マーガリンの代用品として、塩水をいれた魚油の半水添硬化油を用いて油脂を生産してきた。しかし、代用品ではない本物の動物油脂の輸入によって、硬化油を用いた製品はつくられなくなったのである。木下川でも、石鹸を造ってヤミで販売していたが、それは戦後の一時期だけのことである。このころは「油屋イコール石鹸屋」といわれる様相を呈したといわれている。

動物性油脂の需要の増加

朝鮮戦争の特需にさしかかる以前、日本人一人の一日あたりの油摂取量は六グラムの割り当てだったといわれている。石油の輸入もなく、石炭化学工業が成立していないため、油糧からの油脂の抽出ができなかった。こうしたことが手絞りで油脂を製造する零細工業が中心となる条件でもあった。しかし、一日六グラムの油脂では健康を維持することはできない。そこで非食用油脂が食用に転用されたのである。

ちなみに、アメリカから輸入された油脂は、タイヤの原料の一部や石鹸の原料になる工業用牛脂であった。このころのことを、戦後、横関油脂工業を起業した横関銀市郎氏はつぎのように回想している。横関氏は、東京工業大学の化学工業科を卒業し、技術士官として軍務についていた経験を生かしてこの業界に入った。「ドラム缶の上には『インエディブルタロウ』すなわち非食用牛脂と書いてある。これを精製して一斗缶に入れて『精製ラード』とラベリングしたものが出回っていた」とのことである。[24] これにたいして、もうひとつ食用油脂にもちいられたのが「捨油」であった。横関氏の回想によれば、「あるいは天ぷら屋の揚げ玉は今でもたぬきそばとしてそのまま食用になっているが、鍋底の黒い滓からかなり褐色の油を回収して「捨油」として石けん等にしていた」[25]。これは回収した「廃油」

24　横関銀市郎『油脂産業の路傍蟻の道』㈱横関油脂工業、二〇〇〇年、三六頁

25　同右

「捨油」がどのように用いられるようになったのかという事情をよく伝えている。

皮革業などにまったくかかわりなく油脂業に着手した横関氏の場合も、最初の主力は原料の油を石鹸製造業に卸すことであった。「一社を除いて、大も小もみな一斉に洗濯石けんを造りはじめ、浅草橋の問屋卸の店頭はもっぱら固形洗濯石けんの山となり、どの形もほとんど同じ亀の子になった」[26]。しかし、こうした石鹸ブームも去り、一九五〇年代に入ると、食用ラードの生産に比重を移すことになる。そしてこうした業界の転換期に、油脂業者にとって原料の供給や技術の中心だったのが木下川だったのである。横関氏も、「こんな時、墨田区吾嬬町は中小零細油脂の銀座通りだった。この地区から目を離すわけにはいかない」[27]と述懐している。

また、横関氏は木下川には油脂加工の技術者もいたと証言している。戦前にそうした知識をもった業界が木下川に成立していたことが理解できるだろう。そして、横関氏が回想するような敗戦直後の木下川の活気はそのまま食肉需要・大量消費の拡大によってささえられていた。築地の市場だけでなく、浅草、上野、新宿、銀座など、飲食店が集中している繁華街からは多くの廃油が出た。こうした繁華街からの廃油回収を引き受けていくことで、油脂業は大きく成長したのである。

しかし、こうした好況に乗じて大企業も油脂業に参入するようになり、廉価な油脂を製造することで、中小メーカーはあくまで原油を製造するレンダリング業を専門とするよう

26 同右、四二頁

27 同右、六六頁

〔表六〕動物油脂製造業における基本的な流通構造

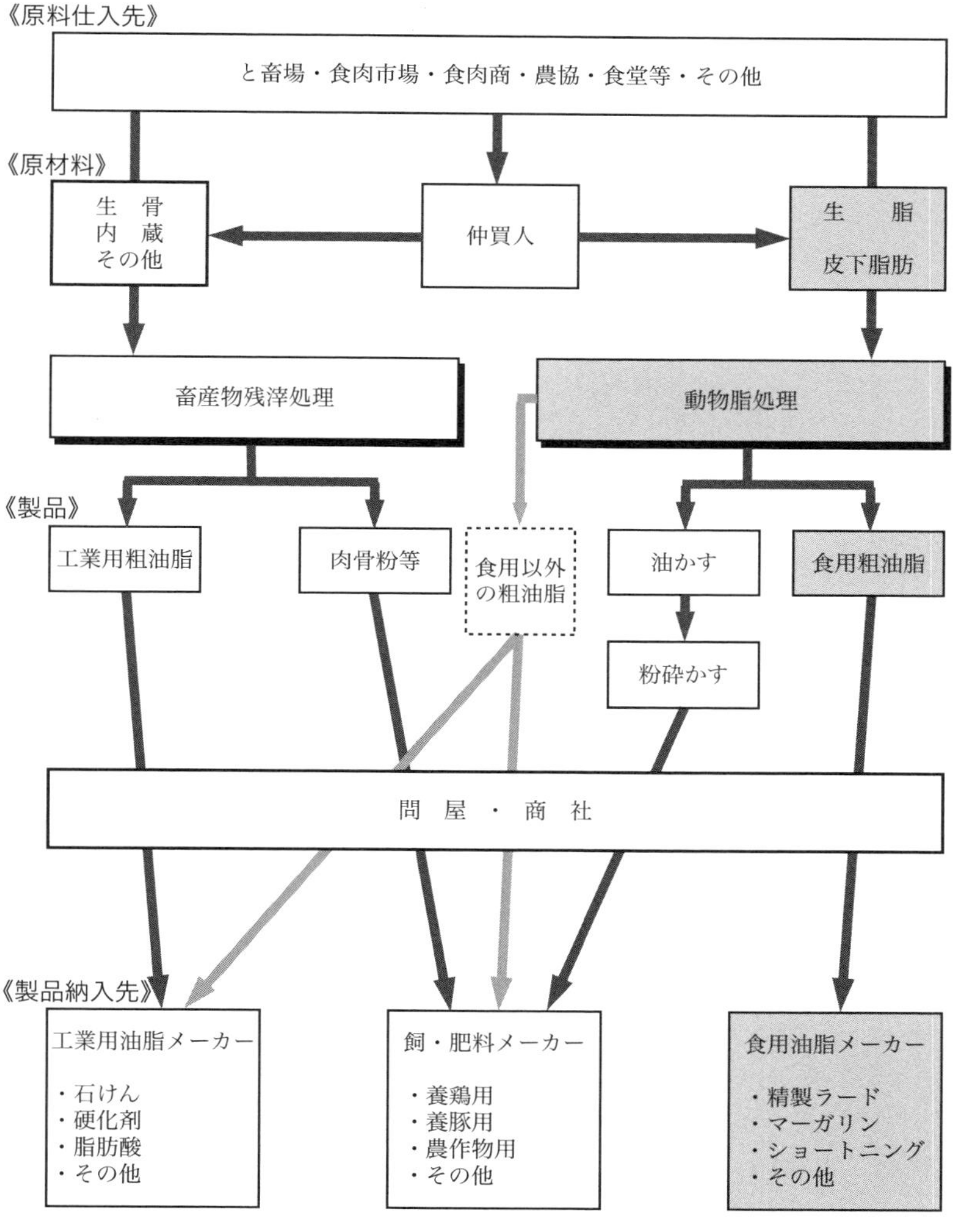

資料：東京都「地場産業振興ビジョン（動物油脂製造業）」（昭和58年）を修正・加筆

に、業界の再編成がすすんだのである（〔表六〕を参照）。

平釜から圧力釜へ

レンダリング業の分業と独立にともなって、油脂業は事業の拡大期をむかえた。例えば、先に紹介した今村油脂も、一九五〇年（昭和二五）頃に木下川の工場が手狭になったこともあって、埼玉県草加市に工場を移転している。ちなみに草加市の吉町地区は、木下川や三河島によく似た、河川にはさまれた立地条件を有し、さらに草加市自体が、産業用水や排水の規制を緩和することで、皮革業を誘致し、木下川や三河島の皮革業者が戦前から移転してきたところである。

さて、この事業拡大期において注目すべき変化は、油の製造装置が平釜から「クッカー」と呼ばれる圧力釜にとりかわったことである。

それまでのレンダリング（原油製造）の工程はつぎのようなものだった。通称「なま（生）」とよばれていた豚の脂身を平釜・平鍋に入れ、直火で加熱攪拌すると、「なま」の繊維のうちの油と水分が分離する。この「なま」は、また豚皮についている「せん屑」のことでもある。これをさらに加熱すると水分が蒸発して釜のなかには油と揚げ滓が残り、この滓をとりのぞけば原油ができあがる。これにたいして「クッカー」は真空で加熱する圧力釜であり、空気に触れないで加熱できるために油の色も焦げ色がつかず、値引きされない良

▶「と場」から届いた新鮮な豚の脂を精製してラードに

質の油が製造でき、しかも大量に処理できる。さらに、平釜が発散していた、悪臭をともなう蒸気水分を抑えられるようになった。真空ポンプとクッカーのあいだにサーフェースやコンデンサーといった装置を入れたのである。こうしてクッカーの導入は品質と公害問題のふたつを改善したのである。これによって、レンダラー（原油製造業者）は食用油脂の製造に参入することができるようになった。木下川でも、先に紹介した国本さんは一九五四年から五五年にかけて、食用油脂の生産をはじめている。

しかし、食用油脂の生産の拡大にともなって、今度は、企業側は油脂の品質を問題にするようになった。油脂の精度の基準を「ボーマー数」というが、これは生脂の鮮度がよければ高くなり、傷みが出ると低くなる。この基準をめぐって、企業とレンダラーとのあいだで攻防が続いたのである。

なお、クッカーの導入がすべての平釜を駆逐したわけではない。平釜とクッカーの差は経営規模の格差を意味しているが、平釜で第一次処理である粗油脂製造を営む事業者は四〜五名程度であるのにたいして、クッカーを備えた場合には一〇名を超える。また、平釜が必要な商品もある。牛や豚の生脂は連続式クッカーやバッチ式クッカーなどで加熱処理され、

◀「せん屑」を加熱する平釜での作業　旧来からの製法

食用油脂（食用豚脂はラード、食用牛脂はヘットと呼ばれる）がつくられる。このとき、自社で加工油脂をつくる場合には、直火式平釜で加工温度を変えたり、牛や豚の脂肪を部位別に加工したりすることで、ポーク、チキン、ビーフなどの各種オイルをつくることができる。しかし、こうした業者は通常はクッカーを備えたうえで、平釜で二次加工をおこなっている比較的規模の大きな経営体である。

こうした油脂製造にたいして、生骨、内臓、鳥滓などは平釜やクッカーで熱処理したあとで工業用油脂や家畜の飼料となる肉骨粉に向けられる。廃食油も同じである。とくに生骨については、一九八三年の調査では、いぜんとして年間三万三千トンのうち半分が木下川で消費されていた。

東京油脂事業協同組合

ところで、部落解放同盟墨田支部や同和企業連合会の成立のあと、一九七五年（昭和五〇）頃に、一〇社ほどが参加して、東京油脂事業協同組合が結成された。それは、仕入れ値の統一や、商社や政府との交渉などを、業界がまとまって対応するようになる必要があったからである。その後、組合の油脂業者たちは油脂連合会の全国組織である全国動物油脂協議会をつくった。これは北海道から九州まで一〇〇以上が参加している。また、組合の事業として海外への視察などもおこなってきた。

油脂業と環境改善事業

木下川の油脂業にとって最大の懸案のひとつが臭気対策であった。油脂生産に伴う匂い、また皮革産業の匂いは、「臭気」として、この地域に対する差別・偏見と強く結びついた。一九七八年につくられた同和対策事業の計画方針である、「東京都環境改善計画及び産業労働計画の策定方針」の決定にもとづいた「東墨田地区環境改善計画」によって、臭気対策と経営強化のための事業の集約化がすすめられた。しかし、この環境改善事業によって臭気対策が完結したわけではない。そこで、環境改善事業を完遂する目的で、三晃油脂工業所㈱と㈱徳田商会によって東京レンダリング協同組合が一九九六年一〇月に結成されたのである。同和対策事業は一部を残して基本的に終了した。実際、それまで絶えなかった近隣や隣接する江戸川区、さらに葛飾区からの苦情は少なくなった。この事業に要した貸付金は、組合の一社が自己破産したことと、同和対策事業がうちきられたという名目によって、組合の一業者の負担になってしまうという問題も残した。

これからの油脂業

いま、油脂業者たちが口をそろえていうことは、伸び悩む動物油脂にた

◀油脂工場での研修風景（一九九四年）動物の骨を原料にした骨粉は肥料、飼料に

いする植物油脂の需要の拡大である。これは世間の健康食品ブームなどの嗜好の変化も大きく作用している。一般的に、ラードはコレステロールが高いと、好い印象を持っていない場合が多い（だが、精製ラードのコレステロール含有率はヒレ肉やモモ肉、さらに鳥のひな肉やプロセスチーズ以下であり、実際にはサンマやうなぎのほうがずっと高い。それにコレステロールは性ホルモンやステロイドホルモンの原料として、消化作用をもつ胆汁酸として生理上不可欠である。また、高コレステロール品とされる肉、卵、牛乳を脳卒中の原因とするのも正しくない）。一九六〇年から一九九三年までの「油脂の国民一人一日当たり供給量」の調査によれば、一九九三年に一日当たり五・六グラムという供給量であった。これは、一九六五年の水準である。これにたいして植物油脂は一九六〇年代の四倍にもなった。[28] こうした傾向のもとで、ブラジルやマレーシアなどの重要な輸出品目である大豆油やパーム（ヤシ）油が、食用油脂の原料として需要を伸ばしている。すでに一九九三年に、東京都労働経済局も、アンケート調査をふまえて、動物油脂業界の課題として、①原料供給の減少（屠畜数の減少、輸入食肉の増加）、②中間財製造業者としての立場（市場価格に決定的な力を持っている大手の油脂加工メーカーに依存していること）、③労働力確保・後継者問題、④消費者の動物油脂にたいするマイナス・イメージ、をあげている。業界の未来はいぜんとして楽観できない。

28　農林水産省「食料需給表」平成五年度

二　木下川の膠屋さん

油脂業が皮革業の副産物として発展してきたように、皮革産業は皮革にとどまらないさまざまな業種や商品を生み出してきた。こうした多角的な展開は皮革産業の特徴でもある。そのなかでも多くの用途を生み出してきたのがゼラチンやコラーゲンであろう。皮や骨にふくまれ、細胞と細胞をつなぐ働きをするタンパク質成分をコラーゲンといい、これに熱を加えるとゼラチン、または膠となる。ゼラチンや「にかわ（煮皮）」は食用や薬用に用いられる「煮凝り」としても知られている。洋の東西を問わず古くから膠は接着剤として、また絵の具の原料としても用いられてきた。近代になると、ゼラチンは写真フィルムの原料ともなり、さらに食品、医薬品のソフトカプセルの原料となった。コラーゲンはソーセージなどの食品に用いられ、また昨今では化粧品にも用いられている。こうした特性を活かして、大手の皮革会社はゼラチンとコラーゲンを商品化してきた。実際、大手の皮革会社であるニッピ（日本皮革株式会社）や新田帯革などはこうした商品開発によって多角的な経営をめざしてきた。それら大手の多角的経営の展開にあたっても、三河島とともに、木下川はニッピなどにゼラチンの原料を供給してきたのである。しかし、膠の製造と販売は大手だけが独占してきたわけではない。部落の膠屋としては、全国水平社の創立メンバーのひとりであった奈良の阪本清一郎の生業が膠屋であったことが知られている。しかも阪本は、富士フィルムなど大手が写真フィルムの開発に取り組んでいたまさに同時期の大正期に、写真フィルムの開発に着手していたことも知られている。阪本清一郎の連れ合いは大阪・西中島の飛鳥（現・大阪市東淀川区東中島）の部落の中井家という膠屋から嫁いでいた。西中島では、当時、中井家をはじめとした膠屋の膠、マッチ製造が西中島の財政を支えたともいわれたほどであった。[29] 膠業のこの隆盛は一九一〇年代の後半、大正期に訪れたが、これは東京の膠屋の場合にもいえることである。膠屋もまた、皮革業の歴史とともにあゆみ、そして近代化や都市化とともに成長してきた産業だったのである。

そこで、独立した業者のひとりとして、木下川の皮革業者や油脂業者とともに、戦前から木下川で膠製造を続けてきた伊達道男さんのお話をうかがった。[30]

膠の作り方と用途

伊達さんは、一九二五、六年（大正一四、五）から、木下川で膠の製造を始めた。同業者には、「島田喜右衛門様、木村徳次郎様、石田亀吉様」などがいた。また、「松田さん、北村さん」も手がけていたそうである。膠の用途は広汎である。日本における膠の発祥が奈良だといわれることがあるが、それは「鹿には脂が少ない」ことから生まれた説だという。また、膠の種類には、アニマル・グルー、それ以外にフィシュ・グルーといって、鮫でつくる膠もある。膠製造には、洗湯という原料の前処理工程がある。それから、骨粉から出

29 飛鳥人権協会『人権学習資料①飛鳥の歴史』二〇〇三年、部落解放同盟大阪府連合会・飛鳥支部『部落解放同盟飛鳥支部三〇周年記念誌わが町飛鳥』一九九八年、水平社博物館編・解放出版社『全国水平社を支えた人びと』二〇〇二年

30 聞き手／友常勉、北川京子、二〇〇三年一月二三日

るスープをとってつくる液体を冷却し、ゼリー状になったものを乾燥させたものが膠である。

製造工程は、ニベ（トリミングなどしたあとに出る屑革。原皮から出たものを生ニベ、石灰づけのものを石灰ニベという。生ニベがゼラチン、膠に用いられる）をコトコト煮て、浸み出したものを箱の中に入れスープをとる。焚いた釜の中に浮いた脂は、石鹸屋に売られた。ただし膠もまじるので、もう一度煮て、今度は薄硫酸を少し落とす。このスープが冷却されてゼリーになって固まる。それをしゃくって、計り、手で網の上に干す。これは主に女の人の仕事だった。箱の中に固まっているゼリーを、寸法を計り、縦・横と切る。それをとって、網の上に載せていく。このとき、厚いものを薄くして載せていくが、この手間がかかった。そして乾燥させる。この工程で腕のいい人はいい給料をもらう。「そういう人は男より給料がよかったのじゃないかな」。働き手の比率は、男が四〇パーセント、女が六〇パーセントぐらいだったとのことである。また、天気が悪いとゼリーが凍ってしまう。冬場は、朝、凍るまえに中にいれなければならない。それが大変な仕事であった。現在は、冷却するときに、スチール板を使って、流れていくとそのまま固まって、そしてそれをチョッパーにかけるという、近代化された機械になっている。大阪の新田ゼラチンなどは、地下室で、気温が一定したところで製造していた。しかし、それだけの設備投資は個人業者が多い木下川ではできなかった。新田ゼラチンは富士フィルムの原料をつくっていたのである。

膠の用途は、大正時代の始まりの頃は、木工とマッチが需要の大半であった。マッチをよくみると、火薬をつけるのに膠が使われている。膠が少ないとか、質が良くないと、マッチの頭が飛んでいってしまう。また、多すぎるとなかなかつかない。さらに、墨汁にも使われた。群馬の高崎ダルマの製造にも用いられた。伊達さんの工場では、高崎ダルマの六〇パーセントを手がけていたとのことである。ダルマは固めて起きあがり小坊師になるが、それは膠をつかって固めていく。それによって、ひび割れがしないのである。これは今から一五年ぐらい前まではやっていたとのことである。現在は、膠を使わない合成接着剤ができたり、右左の型ではじめからダルマの形をつくってしまうようになっている。

膠は、その性質上、冬場は乾燥し、夏は湿気が多い気候の変化に対応できる。それゆえ、現在でも木工家具、高級家具には膠を使う。また、組工の漆にも膠を用いる。バイオリンなどに使用することもよく知られている。膠以外の原料では、「がたがくるのが早い」のである。また、人形の顔、油絵の画板、千鳥とか象とかの形をしたビスケットにも使われた。ビスケットは、ゼラチンでつやを出す。最近ゼラチンを用いた商品には、ゼリーグミもある。ビスケットは、砂糖だけだと、砂糖が落ちてしまうから、ゼラチンが必要になる。ただ、例えば草加せんべいのなかでも、高級せんべいなどはゼラチンを使わないから、つやはない。しかし、普通のせんべいにはよく使っていた。辞書の製本も、背固めに、柔軟性のあるグリセリンと一緒に用いた。このように、工業用品と食用の両方の用途があったのである。

膠屋さんの歴史

伊達さんのお父さんの代には、会社は海軍の指定工場だった。膠は軍需品だったからである。そのころは生産量も多かった。海軍では、主に船の木組みをつくるときに膠を使ったようである。革屋が陸軍の指定工場であるとすれば、膠屋は海軍の指定工場なのである。その際には、品質の安定も重要となる。一貫目の原料のなかに違う種類のものが入ってはならないし、設備も、原料の前処理を一定にしないと同じ条件でものを使うことができない。かつては伊達さんのの工場でも、面積は二千坪あり、現在の社会福祉会館の前にも千四、五百坪の乾燥場（干場）があった。さらに、汐留にも三千坪あったとのことである。皮の副産物を使って膠をつくる大手メーカーは、関西では新田、関東ではニッピ（日本皮革）であるが、そうした大手も含めて、生産のピークは一九五二、三年（昭和二七、八）であった。

出稼ぎのひとびと

伊達さんの工場では、新潟から、多いときで六、七〇人ぐらいのひとが出稼ぎで来ていた。これを、常時働いている人と合わせると合計で百人以上となる。伊達さんのところでは、二階を宿舎にして、一階を工場にしていた。

出稼ぎは、来る村が決まっていた。親方がいて、男が何人、女が何人と連絡して、頼む。

新潟は、特に東頸城郡や刈谷郡から募集した。これも、膠屋によって、人を集める場所が違う。従って、あの工場にいったり、この工場にいったりと仕事先が変わるということはない。ちなみに伊達さんの工場では東頸城郡から、同業者であった木村さんは刈谷郡が多かったそうである。

ところで、一九五二、三年（昭和二七、八）ぐらいのピークが終わると、新潟の人は酒蔵に杜氏としていくようになった。需要がなくなると、工場は貸工場にするようになった。膠屋は冬が中心の仕事である。だから片手間でもできる。そういうメーカーが関西にも何軒か残っている。生産の減退には、香港を経由して入ってくる中国製品の進出も影響している。終戦後、四、五年経ったころには中国製品はもう入っていたとのことである。

膠屋は皮革の仕事と一緒に歩んできた。製造工程が機械化される前、皮屋も漉き師をたくさん使うような仕事だったころには、膠の原料も多くとれた。必要な革の厚みの仕上がりにするまでに、何度も革を漉くから、大量のニベが産出されたのである。しかし、商取引も時代とともに変わり、流通も変わり、問屋制が直接取引になってきた。

伊達さんの工場では皮鞣しは手がけていない。あくまで膠、ゼラチン原料が中心であった。それでも、もともと膠は設備に気を遣わなければならない。例えば薬のカプセルは吸湿性が必要になる。膠、ゼラチンは適しているも、薬には酸性の薬も、アルカリ性の薬もある。それゆえ、ph（ペーハー）を合わせたゼラチンをつくる。しかも水も重要である。

高級ゼラチンは、一トンのゼラチンをつくるのに、三〇〇トンの水が必要になる。木下川では地盤沈下で井戸水が出なくなった。しかし、ゼラチンは工業用水ではできない。軟水を硬水に変えたり、釜のなかのスープに取るため、そういう特殊な設備が必要になる。しかも、夏場にも生産するので、冷凍機が必要になる。つまり、夏冬通して製造するにはそれだけの設備投資が必要になるのである。しかし、それには採算が合わなくなったし、薬品処理など水質管理のコストも高くつくようになった。

いまの膠屋さん

伊達さんは、第五福竜丸事件でマグロが被爆したとき（一九五四年）、魚肉ソーセージが売れるようになるが、それにゼラチンを使ったことを覚えている。その後、伊達さんの工場が膠の製造自体をやめるのは、一九六三、四年（昭和三八、九）である。

伊達さんも属している膠・ゼラチン工業組合は海外視察もしている。ブラジル、パラグアイ、アルゼンチン、北米、インド。しかし、「ミート・ボーン」がはやるようになると、肉・骨を仕分けしないで粉砕してしまうようになり、原料も出なくなった。

「ときどき地方から、画材屋から注文がきます。キャンバスの目つぶしに使っていますね。まだ倉庫に多少在庫はある。ただ、時間が経つと膠も変質してくる。異常乾燥するのです。そのときは戻しに時間がかかる。売るときは使用条件をよく説明してあげる。一晩かけて戻しなさいとか。でもそういうのは面倒くさがってやらないからね」。

膠業は、大正期の近代産業としての形成からマッチ製造などを経て、軍需産業として成長し、そして地元と地元外からの多くの労働力の吸引源となり、さらに一九五〇年代のピークを境に、中国製の膠の進出に押されて衰退していく。しかし、伊達さんのお話にもあるように、お菓子や画材としての用途はまだ続いている。漆器や日本家具などの伝統的な工芸品にも欠かせない。こうした技術や産業の多様性から、皮革のまちとしての木下川がどれだけの潜在的な可能性を秘めていたかを知ることができると思う。

Ⅳ　木下川地区の変化と部落解放運動

一　木下川小学校の閉校

二〇〇三年三月、墨田区立木下川小学校は、六六年の歴史の幕を閉じた。二〇〇三年時点で生徒数は二六名、これ以降は第五吾嬬小学校、更正小学校と統合することになった。

一九三七年の創立以前、木下川地区の子どもたちは現在の第五吾嬬小学校の学区に含まれていた。また、第三吾嬬小に通っている子どももいた。ちなみに、それ以前の学区制のまえには万福寺に塾があった。[31] その後、京成荒川駅の近くのお風呂屋さんが教室となり、そこは「木毛川学校」と呼ばれていた。そしてこれが現在の八広三丁目の正覚寺にあった学校といっしょになり、大木尋常小学校となった。「木毛川学校」は大木小学校の分教場

31　『墨東外史』九六二〜九六三頁

〔表七〕木下川小学校生徒数の変遷

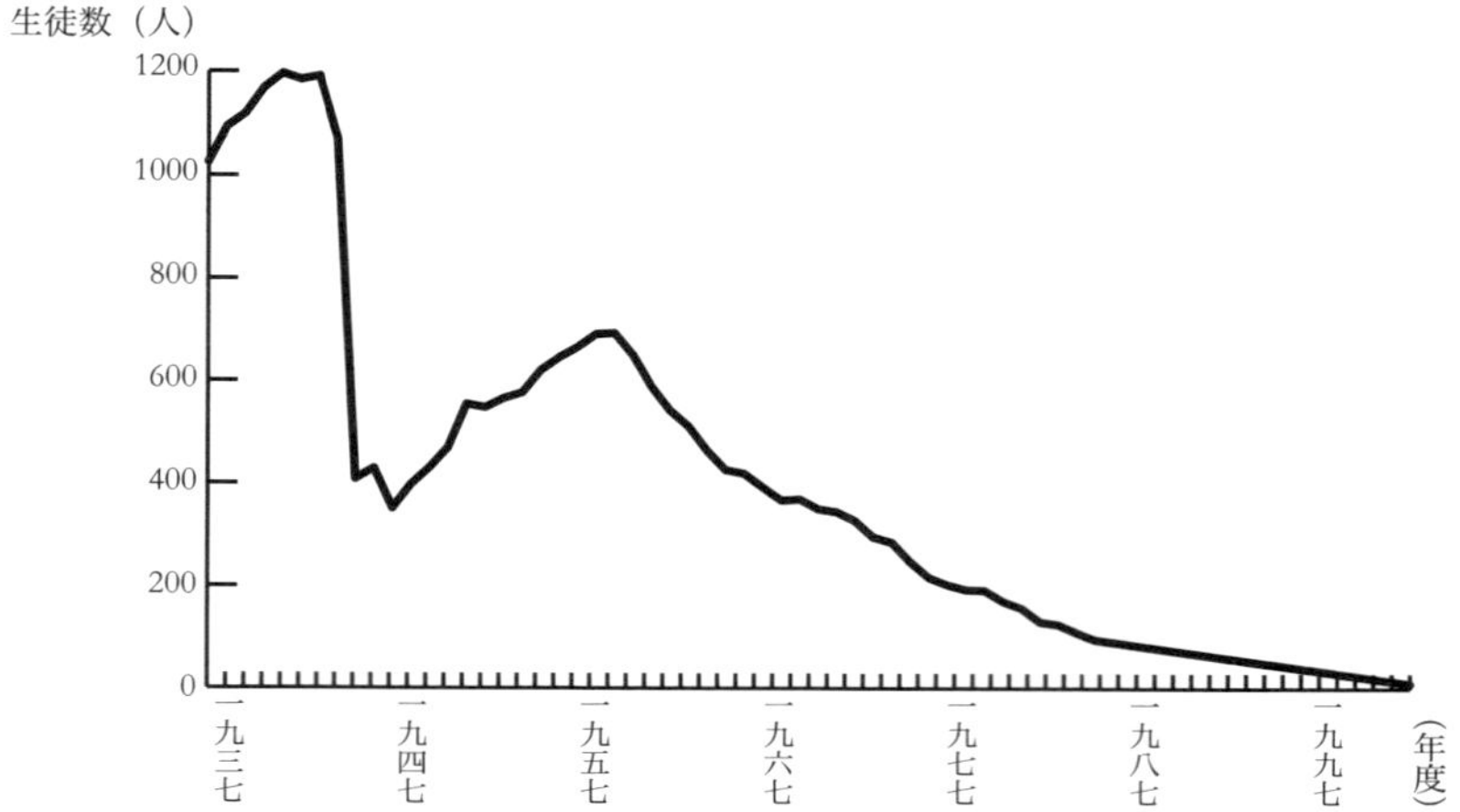

であった。そしてこれが一九一三年（大正二）に廃校となり、第三吾嬬小学校がつくられた。一九二七年に第五吾嬬小学校ができると、木下川の子どもたちはそこにもいって勉強していたのである。

〔表七〕[32]にもしめすように、木下川小学校の児童数の推移は、一九四〇年代初頭に一千名を超える規模を有していたが、戦後は一九五〇年代の七〇〇名近い規模をピークに、漸次減少していった。その間、木下川小学校は部落内小学校として、東京や関東の同和教育運動の拠点ともなってきた。皮革工場の仕事と結びついた革鞣しの実習をはじめとした多くの優れた同和教育の実践が、教員、生徒の熱意と、保護者、そして解放同盟など地域のひとびとの協力によって生み出されてきた。そうした歴史をもつ木下川小学校の閉校とは何を意味

32 『わたしたちの町――木下川の歴史――』付表より作成

しているのだろうか。

木下川小学校は、一九三七年に、木造二階建て、普通教室二四、全教室にラジオがあり、校内放送を完備した教育施設として誕生した。児童数は一〇二六名、教員数は二一であった。文字どおり日本有数の皮革産業地帯としての木下川の力を象徴していた。この木下川小学校の歴史については、墨田区立木下川小学校編『わたしたちの町——木下川の歴史——』(一九七六年)、同『閉校記念誌木下川』(二〇〇三年)などに詳しい。また、閉校にいたるまでのさまざまな問題については、東日本部落解放研究所『明日を拓く』四八号「特集木下川小学校の統廃合と同和教育」(二〇〇三年二月)が参照される必要があるだろう。

この『明日を拓く』の特集号のなかで、東京都同和教育研究協議会の一員であり、木下川小学校をはじめとして墨田区内の小学校で同和教育をすすめてきた岩田明夫さんが、木下川小学校の建設、そして戦後同和教育運動、そして閉校の意味について整理している。[33] ここでは、岩田さんの整理をふまえながら、木下川小学校閉校の意味を考えておきたい。

岩田さんが強調しているのは、木下川小学校が建設された一九三七年は、一九四〇年に開催が予定されていた東京オリンピックをまえにして、「大東京を美化しよう」というキャンペーンのもとで、報知新聞で「三

33 岩田明夫「子ども・地域・教育実践——木下川を中心に」、東日本部落解放研究所『明日を拓く』48号、二〇〇三年二月、所収

◀木下川小学校「開校祝賀式」(一九三七年六月二七日)

河島や向島」の「部落」に対する差別記事が掲載された年でもあるということである。この年は皮革産業が活性化していく時期でもあったのだ。こうして、岩田さんは、木下川小学校の建設の背景について、いくつかの事実をあきらかにしている。まず、工事費・建築費を補足する寄付をつのるために、地域で協賛会がつくられていることにも注意をうながしている。協賛会長は松山主計であり、数ヵ月のうちに約一万円が集められている。また、吾嬬奉明会の役員たちも多額の寄付をおこなっている。このような学校建設運動の高揚には、近隣の学校での差別事象の存在があった。「安心して通える、自分たちの学校を」という地域全体の願いがあったのである。

戦後、木下川小学校は東京における同和教育の重点校となった。一九七〇年に部落解放同盟墨田支部ができて二年後に、「学力水準向上事業対象校」に指定される。これは現在の「人権尊重教育推進校」に該当する。一九七六年には、木下川地区からはじめて全国同和教育研究大会にレポート報告がなされ、これ以降、一八回の報告が出されている。岩田さんが強調するように、三年に二回のペースで報告が提出されているという、全国でも稀なほどの実践がおこなわれてきたのである。ここで課題として意識されたのが、越境問題であった。岩田さんが例示しているのは、一九七五年の調査で木下川小学校二四三名、越境数六二名という数である。約二割を超える越境数をしめしている。こうした現状のなかで、岩田さんや木下川地区の教員たちは、地区の子どもたちの家をたずね、その生活を

▶木下川小学校(三〇周年)

知ることで、部落差別の現実に気づいていくことになるのである。こうした歴史のなかで、一九八一年に地域で子ども会活動もはじめられることになる。[34]

木下川小学校をめぐる越境問題や差別事件は小学校にとどまらない深刻な問題であった。そのことをよくあらわしたのが、一九八九年に発生した吾嬬二中差別事件であった。木下川小学校から一二人が入学していた吾嬬二中において、登校拒否をしている四人のうち三人が木下川の生徒だったのである。そこには中学校で日常的に差別発言をうけている木下川の生徒たちの現状があった。そしてそれは地域の青年たちに共通する経験だったのである。この差別事件にたいする糾弾の取りくみには、解放同盟のほか、親、卒業生など地域の人々がかけつけた。これらの取りくみや学校での同和教育への取りくみをとおして、木下川の子どもたちは皮革工場とその文化に誇りをもち、たがいに支えあう主体として成長しはじめたのである。

こうした運動の経験のなかから、木下川小学校を中心とした同和教育が在日朝鮮人・韓国人や中国人、さらにニューカマーといわれる外国籍の子どもたちにたいする人権教育を育ててきたことも、強調しておく必要があるだろう。やはり東京の同和教育運動の中心的な担い手であった雁部桂子さんがいうように、木下川小学校の閉校は、エスニック・マイノリティの子どもたちにも大きな不安を与えているのである。[35] 教育の課題とは、社会や生活の現実のなかで、子どもだけでな

34　部落解放同盟東京都連墨田支部編『誇りをうけつぐ子どもたち：木下川解放子ども会のあゆみ』一九八八年

◀吾嬬第二中学校との話し合いに解放同盟、親、地域の人々が詰めかけた（一九八九年）

く、地域の住民や教員も不断に成長していくことにある。東京における同和教育の運動史という観点にとどまらず、地域に根ざした今後の人権教育の構築という課題からかんがえて、木下川小学校の閉校はひとつの可能性が奪われたという意味で、重大な問題としてうけとめなければならないのである。

35 「座談会・木下川の子どもたちと教育の課題」、『明日を拓く』四八号所収

二　部落解放運動と木下川

二〇〇三年三月の「地対財特法」の終結にともない、戦後、部落差別の解決のための法的かつ行政施策の根拠として存在してきた同和対策事業は、その歴史を終え、人権啓発事業へと引き継がれることになった。しかし、このことは部落差別の解消を意味しているわけではない。また、同和対策事業や同和行政の歴史的な意味についての総括も終わったわけではない。また、すでに述べてきたように、未完了の事業は地域に多くのツケを残した。

一九六五年の同和対策審議会の答申、一九六九年の同和対策事業特別措置法の制定などを受けて、一九七〇年代になると関東でも被差別部落にたいする同和事業が本格的に開始された。部落解放運動の先進地である大阪から、泉海さんや西岡智さんなどがオルグとして東京にやってきた。戦前水平社からの運動や、狭山事件にたいするとりくみなど、関東や東京にも、すでに長い歴史をもった部落解放運動があったことを忘れてはならない。し

かし、そうした運動が、戦後、大衆的なひろがりを獲得するためには、同和対策事業の開始というきっかけを必要としていたのである。関西からのオルグは、はじめは皮革産業など仕事や関西出身者との縁故関係をつてにはじまった。そして、部落解放同盟東京都連が大きく展開するようになり、墨田でも一九七〇年代初頭には同和企業連合会と部落解放同盟の支部が結成された。

これまで紹介してきたひとびとともに、墨田で解放同盟支部を結成した最初のメンバーのひとりに、河合さんがいる。河合さんは一九二七年に滋賀県の山川原で生まれ、二五歳のときに東墨田の義理の親の皮革工場で働きはじめた。当時は豚皮を樽につけてなめしていた。原皮も山形県など地方にリュックを担いで出かけ、一枚、二枚と買い付けに歩いたという。河合さんのような世代は、生まれ故郷と東京の両方での部落差別を肌で知っている。滋賀県の実家から夜行で東京にもどり、東京駅からタクシーで東墨田にいってくれというと、タクシーの運転手は首を振って返事をしなかったという。また、滋賀県の旧制中学の同窓会の連絡の電話で、商売を聞かれたのでそれに答えると、部落だと知った相手からは、二度と電話がかかってこない。結婚差別もあった。

支部の結成のときには、こうした体験を共有した仲間たちが集まった。ラーメン屋をやっていた武田さんの家に、部落解放同盟東京都連委員長の清水喜久一さんや宮本筆吉さんが説明にきた。「就労や産業対策、住宅や環境改善など差別の結果生み出されてきたものを放置してきたのは行政の責任だ」という言葉には実感がこもった。そして東京都や区との行政交渉が開始されたのである。[36]

東京の同和行政が、近世からの被差別部落の存在や、木下川や三河島のような皮革産業地帯の実態があるにもかかわらず、同和事業のための「地域指定」をおこなわず、独自の方針で同和対策事業をすすめてきたことは、すでに述べたとおりである。東京における同和対策事業の実現過程では、一九六七年から三期一二年つづいた美濃部革新都政という条件のもとで、激しい攻防が繰り返された。とくに、知事の三選をまえにした「美濃部三選問題」が浮上した一九七五年には、日本共産党の部落解放同盟「正常化」連などの妨害もあり、一九七五年度の同和対策事業がいっさい執行されない事態がつづいたため、部落解放同盟東京都連合会は一ヵ月にわたる都庁座り込み闘争を貫徹した。こうした闘争を経て、環境整備事業としては、荒川、練馬、墨田において「三地区環境整備事業」が東京の同和行政の事業として決定されたのである。

この時期、木下川では、東墨田地域における道路舗装、下水道の設置、福祉会館の建設、バスの迂回運行(木下川地区内のバス路線の開通)、都営住宅の建設などを柱とした住環境整備を要求してきた。そこには都市ガス整備もある。木下川はプロパンガス世帯が多く、都市ガスの整備が二三区内でもっとも遅れていた地域のひとつであった。こうした住環境

▶東墨田に都営住宅を求め東京都庁まで出向いて住宅局交渉(一九八三年ごろ)

36　座談会「部落解放同盟墨田支部の結成とその後の歩み」『木下川地区のあゆみ』一一六～一五三頁

整備計画は、大阪などの地域運動である「部落解放総合開発計画」をモデルとして構想され、都下の他の地域でも運動の推進力となっていた。こうした総合計画に加えて、生協の開設や解放保育運動など、厳しい生活実態の改善をめざす運動が、都連各支部で進められていたのである。そして墨田支部は、こうした東京の解放運動において、東京の同和行政の水準をひきあげる着実な成果をあげていた。社会福祉会館が開館したのは一九七四年であり、翌年にはバス路線が開通した。また、一九八三年には、皮革業者とのあいだでさまざまな共同研究や技術開発もすすめられる東京都立皮革技術センターが建設された。

そして木下川の運動のひとつの集約となったのが、一九八五年に完成した東墨田二丁目都営住宅の建設であった。

木下川の住宅闘争

木下川に都営住宅の建設を要求するにあたって、部落解放同盟墨田支部では、「住宅要求組合」を組織し、東京都行政との交渉や都営住宅の見学会などを積み重ねてきた。一九八三年の九月に、住宅要求組合は東墨田に住む組合員三四世帯一三〇人に住環境についてのアンケート調査を実施している。その結果、住宅の種類はアパート（一六軒）、家族が別れて住む（九軒）、工場のなか（九軒）、一戸建て（九軒）など。部屋数は二部屋（二二軒）が一番多く、これに三部屋（五軒）、一部屋（四軒）が続く。また、半

◀東墨田住宅要求組合の会議（一九八三年）

数は風呂なし、畳数では一人あたり二・八八畳などという結果が出た。しかも古い家屋が多く、雨もりが激しいこと、土手下の通りの家はほとんどが床下浸水で少しの雨でも畳をあげなければならないこと、そして立ち退きを要求されている家も七軒あるなどの現状であった。地域全体でも、病院や出張所、店がないなどの意見が出ていた。「親子がかさなりあって寝ている家」「工場の二階を板でしきって、シンナーのにおいの中で子どもが喘息で入退院を繰り返す家」だったのである。丸三年にわたる要求組合のたたかいによって、東墨田に建設された三棟の住宅は、こうした部落の人々の生活を改善し、木下川のまちづくりを大きく進める第一歩となったのである。

▶完成した都営住宅入居を心待ちにする日々（一九八五年）

若い世代の解放運動

このように、戦後の木下川の歴史に転換期を設けるならば、敗戦とそこからの復興をのぞけば、一九七〇年の部落解放同盟東京都連墨田支部と企業連の結成と、これらの組織が牽引した要求運動はまさにその画期をなした。しかも、こうした運動とともに、地域の青年たちや親たちなどの世代ごとの組織化がすすめられた。つぎに紹介する北川京子さんは、そうした一九七〇年以降の解放運動の気運のなかで部落解放運動の主体として自分を形成していったひとりである。それは若い世代が親の世代の歴史にも目を向け、地域の経験や部落の歴史そのものを自分の財産としてつかんでいく過程でもあった。

部落解放運動に誘われて

北川京子さんはいう。「私が高校生の時に、全国からオルグが木下川に入ってきました。私の従兄弟が、松尾というのですが、青年部活動をしようと、都連の福尾佳和さんたちと一緒に活動を始めました。奨学金は、かちとったというよりは関西の制度をそのまま東京にもあてはめ始まりました。福尾さんは八広の私の家に来ていました。何を話していたのかは覚えていませんが、奨学金を受けるということになったわけです」。北川さんが福尾さんに部落解放運動とは何かと聞くと、身分差別について説明された。高校一年生のときに、たまたま『橋のない川』をみていた北川さんは、「あの人たちのことか、気の毒に」と受けとめ、そして「当時じゃなくて、今もあるのですか。誰がそうなのですか」と聞いた。すると、「皮屋さん、肉屋さん、靴屋さんの職業が多い」といわれたので、北川さんも「あれ？」と思ったのである。「私の家は当時、靴屋だったし、まわりも皮屋だし、父方は肉屋でしたから。どうも私のことを指しているようだと思いました。ただ、被差別体験を実感したことはないのですよね。何を差別といい、何からの解放を要求しているのかはわからなかった」。その後、当時、学生たちが木下川に入り、子ども会活動をするから、手伝ってくれないかといわれ、何かやらないといけないと思った北川さんは、そこに手伝いにいくようになる。

しかし、当時、都連の共産党員による組織の分裂を意図した行動があり、さらに、木下川の地域内では親方と労働者という対立が持ち込まれていた。そうした状態に混乱した北川さんは、何が起きているのか理解することができずしばらく解放同盟から離れる。

狭山事件

ただし、その前に、「狭山事件」について、公判調書を借りて読んでいた。石川さんは無実なのだと思っていた北川さんは、ちょうど井波退官から寺尾裁判長へと交替があり、公判闘争が始まる時期に、狭山集会に誘われた。「私は行動しないのは卑怯だなと思って、解放同盟には入りませんが、狭山の集会にはいきますと、参加していたのです。仕事を休みながらね。公判調書を読んで、自白と事実が違う、遺体に玉石を乗せているとか、芋穴に吊したなんて不自然だとか。絶対に石川さんは犯人ではない。何も行動しなければ、石川さんを犯人にする側になってしまうと強く思いました」。そのころは野本勝一さんや片岡礼子さんが日比谷公園の小公園の集会で司会をしていた。石川さんのご両親も元気だった。しかし、集会で、「万人は一人のため、一人は万人のため」「石川さんの命は我が命」「兄弟だ」とシュプレヒコールをすることに、とまどっていた。「私はそう思っていないか

▶狭山差別裁判糾弾闘争委員会結成大会（一九七五年ごろ）木下川青年たちの熱い息吹き

ら、悩んだ。そこで支部の江木さんに、『嘘をついているような気がするから集会にいくのは気が引ける、しばらく参加するのを控えて考えたい』と、喫茶店で相談したら、『行動することこそ重要』とか説得されて、それでしばらく休まずいきました」。

支部の専従になる

その後、北川さんに支部専従をやらないかという話があり、高校を卒業してからはアルバイトをしていて定職についていなかったこともあり、また、子ども会の責任も取るべきだろうと思い、支部の書記局に入る。「親戚はみんな反対しました。木下川の親戚。母の姉が二人。叔母ですね。叔母は『女のくせにそんなことをしたら、嫁のもらい手がなくなる』と。叔母たちにとって、部落民だということを公にするわけだから、『寝た子を起こすな』という地域の声があるから、反対したのだと思います」。そこで北川さんは、両親に狭山事件が部落差別であることを訴えたのである。そうして、この親子は大きな転機を迎えるようになるのである。「母親と父親には、狭山事件で冤罪がひどいということを知ってもらいたくて、狭山現調にドライブで連れていったことがあります。親戚とは二年ぐらい、行き来がなくなったけれど、娘のやることを信頼していると、両親は親戚との関係を仕切ってくれました。のちに婦人部の合宿の場ではじめて、私の母親が結婚差別を受けていたということを知りました」。

◀木下川解放子ども会による狭山現地調査（一九七六年）

三世代の解放運動

北川さんのお話は、戦後の東京の都市部落で成長したひとりの女性のライフヒストリーでもある。ためらいながら参加していった部落解放運動のなかで得た部落差別の存在への自覚は、自分だけでなく、やがて母の人生を理解することにつながった。さらに、母娘ともども婦人部で活躍するなかで、母の生も変わっていくのである。

北川京子さんの母である北川君子さんは、一九二四年（大正一三）生まれで現在八一歳である。北川君子さんは、娘が部落解放運動に参加していくにしたがって、自らも運動に参加し、家族に部落差別の体験を語るようになっていった。ここでは関野吉晴氏のインタビューから引用しながら紹介したい。[37] 北川さんの家は祖父の代に滋賀県から出てきた。君子さんは木下川で生まれ、家は木下川小学校のすぐ前で豚皮鞣しの工場を営んでいた。姉は尋常小学校で教師に差別を受けていたし、君子さん自身も山梨県出身の軍人さんと結婚したとき、先方の家で差別され、離婚している。そうした経験があったから、君子さんは、再婚してから生まれた京子さんたちには、部落民であることは隠し通そうとしてきた。しかし、部落解放運動に参加しはじめた京子さんから、「ウチはやっぱり部落民だって」と問いただされたのである。京子さんは、君子さんを狭山市へのドライブに誘い、石川さんの無実を語りながら、「これが部落差別なんだ、私は絶対にこれを許したくない」と訴えた。そして、娘にうながされるように、最初のころは「なんだか恥ずかしくって」と思いながら、

37 関野吉晴「木下川に生まれて」、東北芸術工科大学・東北文化研究センター発行『別冊東北学』vol.7、二〇〇四年一月

君子さんはデモや支部活動に参加するようになった。そして気が付いたら、婦人部の集まりのときに、人前で自分の最初の結婚差別の体験を語るようになっていたのである。君子さんはいう。「その場に京子もいたんですが、家でも話したことなかったから、びっくりしたでしょうねえ。なにせ『ウチは部落じゃない』といっていた私が、突然そんな経験を話しはじめたんですから。老いては子に従えじゃないですけれど、私が腹を括れるようになったのは娘のおかげですね」。そして今は、自分は部落の生まれであり、部落に誇りを持つという作文を書いてきた孫に感動し、こう語るのである。

「私たちは隠そうとした。京子たちの世代は運動をした。そして孫の世代が、今、堂々と話せるようになった。三世代かかって、時代が変わった。時代を変えた」。

◀足立・荒川・墨田三支部の子ども会の交流会（一九八五年社会福祉会館）

おわりに——転機を迎える木下川

木下川は今日、大きな転機をむかえている。木下川の繁栄を支えてきた往事の皮革産業や油脂業は大幅に減少した。かつて二〇〇を超えていた鞣し業者はいまや三〇数軒にまで激減した。稼動状況も、百パーセント未満がほとんどである。このまちでは、原皮から一枚の豚革生産まで、あたかも地域全体がひとつの工場のようにして成立していた。そのため、ひとつの鞣し業者が倒産すると、関連する張り革、染色、計量などの下請け工場のすべてが打撃を受けるのである。まさに「親亀こけて皆こける」式の連鎖倒産が起きてしまう。鞣し業者や下請け業者、そこで働く労働者の失業は深刻である。ここで働くひとびとは、仕入れ先も浅草の部落出身者が営む、皮革関連業の業界の輪のなかにいて、直接、部落差別に直面する場面は少なかったかもしれない。しかし、地域の外に出て就職するとなると差別に直面することになり、常に不安がつきまとう。しかも、社会全体の不況や失業状況は近隣の差別事件を誘発させかねない。実際、インターネットでの差別事件、区内の差別落書き、差別電話、身元調査などの事件が起きている。

また、皮革産業の後退がもたらす地域の変貌がある。木下川小学校の閉校はすでに述べた。さらに、〔表八〕をみていただきたい。これは一九六四年（昭和三九）の墨田区内の主要工場と、一九八六年（昭和六一）の土地利用状況を整理したものである。じつに主要工場四五社のうち、三〇社が転廃業あるいは一部用途変更をしている。その跡地には公園や住宅、都営住宅、そして駐車場などが出来た。さらにこうした跡地利用で最たるものは、墨田清掃工場と、佐川急便の配送センターができたことである。佐川急便の配送センターについて、木下川のひとびとはこうした配送センターが騒音や排気ガス、交通事故などの悪環境を地域にもたらすとして、他の用途を模索した。地域を横断する新設の都道が隣接している皮革業者の転廃業を皮肉にも促進してしまうということもあった。後継者問題や皮革不況にあえいできた業者たちが、工事を期に引退してしまうケースが少なくなかったのである。こうして地域のなかに更地が増え、生活空間が減少していったのである。一九六四年から一九八六年までのあいだに、「皮革のまち・木下川」の活況に満ちたまちは、白い空き地がめだつ都市郊外の風景に変わってしまっているのである。地域の高齢化の問題も深刻である。木下川は墨田区内で高齢者の比率が高い地域である。

しかし、一方で、こうした現状にたいして、木下川のなかから、地域を再生しようとす

〔表八〕昭和39年頃の墨田区内の主要工場

	39年度版			61年度版（一部修正）	
	事業所名	所在地	工場敷地	現在の土地利用状況	工場敷地
	（南　　部）				
1	玉の肌石鹸（株）	緑　3—8	8,000	○	8,000
2	ライオン歯磨（株）東京工場	本　所 1—3	6,500	○	6,500
3	朝日麦酒（株）吾妻橋工場	吾妻橋 1—23	23,000		—
4	（株）精工舎	太　平 4—1	32,000	○	32,000
5	（株）青木染工場	〃　4—23	13,000	× 住宅、公園、事業所等	—
6	鈴木興産（株）	横　川 1—1	10,000	△ 一部公園	9,500
7	佐々木硝子（株）東京工場	〃　1—15	9,000	○	9,000
8	日本専売公社業平工場	〃　1—17	53,000	○	53,000
9	電機化学（株）本所工場	〃　5—2	15,000	× 小学校、公園、団地、倉庫	—
10	朝日麦酒（株）業平工場	業　平 1—6	8,000	× 都営団地	—
11	東京帽子（株）本所工場	〃　5—1	8,000	○	8,000
	（北西部）				
1	日本電線（株）	東向島 2—2	17,000	× 公園、事業所、住宅等 170軒	—
2	墨田川造船（株）	堤　通 1—2	9,000	× 倉庫	—
3	日本電気精器（株）	〃　1—19	24,000	△	—
4	久保田鉄工（株）隅田川工場	〃　2	42,000	× 公園、小学校、団地、共同工場	6,500
5	山一綿業（株）東京工場	〃　2	6,000	× 公園	—
6	鐘淵紡績（株）東京工場	〃　2	80,000	× 公園、中学校、都営団地	—
7	林商会東京工場	〃　2	10,000	× 公園、都営団地	—
8	（株）中馬鉄工場	〃　2	5,500	× 公園	—
9	住友ベークライト（株）向島工場	墨　田 1—4	35,000	△ 一部レストラン等	32,000
10	東都ゴム製作所	〃　2—20	5,500	△ 一部保育園	4,000
11	大沢ゴム防水布（株）	〃　3—36	5,000	× 住宅70軒、公園	—
12	鐘淵スチール（株）東京工場	〃　5—16	37,000	× 公園、防災用地、他	—
13	鐘淵染色（株）	〃　5—33	5,000	× 公園、事業所、住宅30軒	—
14	合同酒精（株）東京工場	押　上 2—22	6,000	△ 自動車整備工場、住宅	5,000
15	永柳コルク工場（株）	京　島 1—1	12,000	○	12,000
16	大日本プラスチック（株）	〃　1—35	8,000	× 事業所、住宅、工場	—
17	（株）資生堂東京工場	〃　1—38	8,500	× 団地	—
18	共和レザー（株）	〃　1—39	10,500	× マンション	—
19	東洋紡績（株）向島工場	文　花 1—28	70,000	× 都営団地	—
20	（株）信川ゴム工業所	〃　1—31	7,000	○	7,000
21	大機ゴム工業（株）	〃　1—32	25,000	× 公園、小学校、都営団地	—
22	花王石鹸（株）東京工場	〃　2—1	53,000	○	53,000
23	（株）東京化学精練所	〃　3—17	6,500	○	6,500
	（北東部）				
1	共和レザー（株）	八　広 5—7	5,000	× マンション、公園	—
2	丸見屋向島工場	〃　5—10	14,000	× 学校、都営団地	—
3	（株）中田工作所	文　花 1—8	5,000	○	5,000
4	山崎鉄工（株）	〃　4—38	6,000	△ 住宅20軒、駐車場	2,000
5	秋元皮革（株）東京工場	〃　5—51	20,000	× ゴルフ場	—
6	（株）吾嬬製鋼所	〃　6—8	30,000	× 下水道局、公園、都営団地	—
7	（株）石井製皮所	東墨田 1—7	5,000	× 工場50軒等	—
8	明治製皮（株）	〃　1—10	35,000	× 東墨田運動場	—
9	広藤皮革（株）	〃　2—7	5,000	× 福祉会館等	—
10	（株）杉田製線工場	〃　3—1	18,000	○	18,000
11	日産化学工業（株）木下川工場	〃　3—4	22,000		—

資料：『地域産業活性化のための政策プログラム』（墨田区、1988年）より作成

るさまざまな動きもまた、生まれている。

ひとつの試みは、「革の文化」の発信地としての展開である。「日本一の豚革産地」である木下川の豚革を少しでもひろめようと、若手鞣製業者は「木下川ピッグレザー団」をたちあげた。皮革産業のまちとして「木下川」の名前を全国に出すことで、差別されることを心配して消極的になるよりは、まちの名前を前面に出して、木下川の革の文化を全国に発信していこうと考えたのである。ホームページも開設し、インターネット販売によって消費者との直接的な結びつきをつくりつつある。また、教育現場や服飾学校に教材利用を働きかけてきた。東京都産業交流展での展示販売もてがけた。そして最大の試みは、二〇〇二年一一月三日に「すみだ革まつり」を木下川・東墨田公園で開催したことである。会場では一枚革を工場出荷価格で販売し、また、「ミシンで縫ってみようコーナー」など手作りの実演もおこなった。参加者も東京だけでなく長野や千葉など各地から集まり、結局、一万人が参加する大イベントとなった。そして、朝日、毎日、読売の三大紙にも大きくとりあげられたのである。さらに翌年の二〇〇三年には、会場を木下川小学校に移し、前年の四倍のスケールで開催され、のべ一万二千人が参加した。

木下川小学校で同和教育にたずさわってきた先生たちも、動きをつくりだした。先生たちにとって、木下川小学校には、熱かった時代の思いが残っている。そこに記念館をつくろうという教師たちを主体にして、解放同盟も古い道具などを集めるなど協力し、また、

▲第１回すみだ皮革まつり会場には１万人をこえる人垣が（2002 年 11 月）

▼皮革まつりポシェット作りコーナーは老若男女に大好評（2002 年）

地域のひとたち、木下川小学校出身者や親たちが改装工事などを手伝った。こうして、そこにいけば、地域の写真や、皮革産業の今昔の様子、子どもたちの作品などが展示されていて、地域の歴史や木下川小学校の教育史も学べるような「産業・教育資料室きねがわ」ができあがった。

地域コミュニティも活発だ。東墨田の都営住宅では、毎年、団地夏祭りを続けており、それが地域の交流を生み出してきた。それに刺激されつつ、町会も盆踊り大会などを企画するようになったのである。そして、高齢者サークル「おたがいさまクラブ」がつくられ、デイサービスや送迎サービスなどのボランティア活動も営まれている。それは地域の高齢者や仕事をリタイヤしたひとたちの交流の場になっている。

国際連帯の運動もこうした地域コミュニティにとって重要だろう。荒川、足立もふくめて、墨田区など城東地区には、日朝連帯を手がかりとした地域での国際連帯の活動の歴史がある。木下川の人々は、これまで墨田区八広の朝鮮第五初中級学校でオモニ会主催の「アンニョンフェスティバル」に参加してきたが、二〇〇三年からはお客さんとしてだけではなく、出店、舞台出演で参加した。また、一九二三年の関東大震災の際に、墨田区内や荒川河川敷、旧四ツ木橋のたもとでも、朝鮮人虐殺がおこなわれたことから、従来から、関東大震災朝鮮人虐殺を追悼する「朝鮮人殉難者追悼式」が、木下川橋のたもとで開催され、

▲「産業・教育資料室　きねがわ」と準備作業に奔走する先生たち（二〇〇四年）

そこに解放同盟や教育関係者も参加してきた。

　確かに皮革産業は厳しい状態が続いている。しかし、それが、あたかも地域がゆっくり衰退していくような事態であってはならないと、木下川の人々は考えている。むしろ、この逆境を転機にして、新しいまちづくりとなるような「何か」を追求しているのである。そしてここには、着実に、「皮革のまち・木下川」を柱にした、新しいコミュニティの若々しい息吹が生まれつつあるのである。

▲第一一回団地夏祭り　回を重ねるごとに盛り上がる（一九九五年）

木下川沿革史研究会

会長　池田貞善

委員　徳田岩雄　藤本忠義　藤沢靖介　江木義昭　雁部桂子　山口清
　　　江木ケイ子　岩田明夫　北川京子　友常勉

執筆　友常勉

連絡担当　原田千恵子

木下川地区のあゆみ・戦後編　皮革業者たちと油脂業者たち

発行……………二〇〇五年五月二五日　初版第一刷二〇〇〇部

定価……………一四〇〇円＋税

編集……………木下川沿革史研究会

装丁……………本永恵子

発行者…………北川フラム

発行所…………現代企画室

住所……………101—0064東京都千代田区猿楽町二—二—五—三〇二
電話——〇三—三二九三—九五三九
ファクス——〇三—三二九三—二七三五
E-mail：gendai@jca.apc.org
http://www.jca.apc.org/gendai/
郵便振替——〇〇一二〇—一—一一六〇一七

印刷所…………中央精版印刷株式会社

ISBN4-7738-0503-X　C0021　Y1400E